音楽博士が徹底分

ネイティブが言って

藤澤慶已 著

聞いて書きとる

英語

リスニング

300問

改訂新版

FUJISAWA KEI

音声
アプリ
&
DL
対応

Gakken

はじめに

英語リスニングの一番のコツは、たくさん聞くということです。ですが、英語が母国語以外の国で、ただやみくもにそれを行うのは容易なことではありません。

本書では、たくさん聞くことを目的としていますが、その前に英語ネイティブが流暢に話すときの特徴を理解して頂きます。

それを踏まえて、初級、中級、上級と段階を経て聞いて書き取る練習を重ねていきます。あらかじめコツをつかむことで、ただ漠然と聞くときよりも、リスニングの上達が加速するはずです。

目で読んでわかる簡単な単語や文が聞き取れないのは、本書であげる5つのパターンが主な原因だと言えます。この特徴を理解してから、たくさん聞くトレーニングに挑戦していってください。

聞き取れなかったセンテンスは、復習で音読するのもリスニングの練習になります。流暢な英語を真似て発話すると、自分の耳がそのパターンを聞くことができるので、リスニング力も鍛えられるのです。

この本が皆さんの英語上達の一助になれば、著者として私も大変光栄です。

藤澤慶已
（言語学博士、音楽博士）

本書は2017年に（株）ディーエイチシーより刊行された『聞いて書きとる英語リスニング300問』を最新の情報にアップデートし、音声とイラストを再収録してリニューアルしたものです。

もくじ

本書の使い方

本書はネイティブの英語の5つのパターンを分析し、音声を聞いて書き取るディクテーションの問題を解いて、日本人の弱点を効率的に攻略する、リスニングのトレーニングブックです。

まずは「基本編」で、日本人が聞き取れない流暢な英語の5つのパターンについて、丁寧に解説しています。次に「エクササイズ編」で、初級150問、中級100問、上級50問にレベル分けしたディクテーションの問題を解くことで、実践的にリスニング力を鍛えることができます。

STEP1　基本編

日本人が聞き取れない流暢な英語を5つのパターンに分け、英語初級者でも取り組みやすいように丁寧に解説しています。

パターンごとに、リスニングとディクテーションの練習問題を用意しました。理解度を確認しましょう。

初級編 150 問

音声を聞き、空欄部分に単語を書きとっていきましょう。初級編は文章が短く、解答ページにはどのパターンが当てはまるのか、詳細な解説があります。

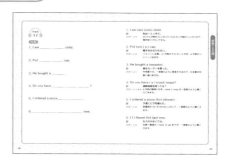

中級編 100 問

中級編は文章が長く、空欄部分も多くなっています。使われている単語は初級編と同様に簡単なものばかりですが、長文になるととたんに聞き取りづらく感じるかもしれません。

上級編 50 問

上級編は、ネイティブ2人の会話文になっています。会話文ならではのイントネーションにも注意して、ディクテーションにチャレンジしてみてください。

それでは、さっそく基本編からスタートしましょう！

日本人が英語を聞き取れないワケ

知っている言葉、つまり目で読んでわかる英語でも、ネイティブの流暢な発音で聞くと、とたんに聞きづらくなることがあります。

よく知っている単語なのに、うまく聞き取れないのはなぜでしょうか。実は、ネイティブの話す流暢な英語は、皆さんが目で読んだときの印象と耳で聞こえたときの印象が、まったく違うのです。このようなギャップがあると、音としては聞こえても、その音が表す意味を理解できなくなってしまいます。

pen、desk といった単語がすんなり耳に入り、その意味が理解できる理由は、単語が簡単だからではなく、目で読んだときの印象「ペン」「デスク」と、英語ネイティブの発音との間にギャップが少ないからなのです。

一方で、音が聞き取れないのは、そのギャップが激しいときです。

たとえば、Oasis という単語を見て「オアシス」と発音してしまう日本人が、ネイティブが流暢に発音する「アゥェシス」を聞いても意味を理解できないのは、目で読んだときの印象と流暢な英語の違いが大きいからです。

white shirts が
どうして「ワイシャツ」になったか？

さて、皆さんが英語圏に長期間滞在したり、リスニング教材等を使ったりして英語を浴びるように聞くとどうして英語が聞き取れるようになるのでしょう？

流暢に話される日本語と英語の音を比較した際、いちばんの音声的な

違いは母音と子音の比率です。日本語の場合、母音と子音の比率は約6対4ですが、英語ではその比率が約2対8となってしまいます。つまり、英語の母音と子音の比率は日本語のそれとは正反対であり、この母音と子音の比率の違いが、英語の音が聞きとれない原因でもあるのです。

たとえば、What time is it now? というセンテンスで考えてみましょう。

このセンテンスをネイティブが言うと「掘ったイモいじるな！」に聞こえるという笑い話がありました。実は、これが流暢な英語の音なのです。

英語の音に慣れていない日本人にとって、pen という単語を文房具の「ペン」だと認識するためには、母音の「エ」という音がはっきりしないと、「ペン」だと認識することが困難なのです。実際に流暢な英語の場合、pen の "e" の音は弱く響いて "pn"（子音）が強く響いてきます。こういった理由で pen を "pin" と混同してしまうということが起こってきます。

また、trouble と travel という2つの単語は、ネイティブスピーカーがふつうに話すと、それを聞き分けるのは日本人にはとても難しいはずです。それは、日本人がこの2つの単語を母音で識別しているからです。

特に初心者の場合は、英語を話す際に母音が多くなる傾向がありますが、頭の中で次のように発音しているはずです。

			母音		子音
trouble	→	t お r あ b う l う	→ おあうう	→	trbl
travel	→	t お r あ v え l う	→ おあえう	→	trvl

上記のように、違いは母音「う」と「え」です。ところが実際のネイティブの発音では、こうした母音は聞こえてきません。彼らは子音の b と v の違いで識別するのですが、これは日本人にとってはほとんど変わらない音ですから、この２つの単語を混同してしまうのです。

" 英語の音 " に慣れる ＝ " 英語の弱い母音と強い子音 " に慣れる、ということです。皆さんは決して耳が悪いわけではありません。聞かなければいけない音の意識が違っているだけなのです。
What time is it now?　の場合、英語に慣れていない人が期待してしまう音は、
What　　time　　is　　it　　　now?
ふあ　　たあいむう　いず　いとお　なあう
というように、カラーになっている母音の部分が強調された音ですが、実際にネイティブの英語で強く響いてくる音は、子音なのです。
What time is it now?
掘ったイモいじるな　→　子音が強調された結果、このように聞こえてくるのです。

「ワイシャツ」も whtshrts　→　white shirts（ホワイトシャツ）というわけですね。
子音が強調され母音の弱い英語には流暢な響きが生まれます。これは一般的には「波」、「音のつながり」、「くっついて聞こえる音」と呼ばれており、日本人ネイティブ（特に慣れていない人）が違和感をおぼえるものです。ところがこの、「流暢な調子」の正体がわかると英語がより聞きやすくなります。「流暢な調子」には、５つのパターンがあります。

流暢な英語の５つの基本パターン

リスニングのコツは、ネイティブが流暢に話す英語に慣れることで、それが最も重要です。前述したように、特に日本人には、英語で読んだり書いたりすることはできても、同じ文章をネイティブが話すと、とたんに聞き取れなくなってしまう傾向があります。

「読めるけど聞き取れない」を克服するためには、ネイティブが流暢に話す英語の５つのパターンを理解し、マスターする必要があります。

パターン１　単語が一音節のように聞こえる

まずひとつ目のパターンは、「単語」の聞き取りについてです。日本人がつい一音ずつに区切って発音してしまいがちな単語を、ネイティブは一音節のように一息に発音します。「単語」「外来語」「単語のかたまり」の３つに分類して、解説していきます。

パターン２　前置詞と後ろの語句が一音節のように聞こえる

２つ目のパターンは、前置詞と後ろの語句の結合についてです。日本人は前置詞で一度音節を区切って発音してしまいがちですが、ネイティブは後ろの語句をくっつけて、１拍で発音するのです。

パターン３　主語と動詞が一音節のように聞こえる

３つ目のパターンは、主語と動詞の結合についてです。流暢な英語では、主語と動詞がまとめて一音節で発音されるのを、平叙文と疑問文に分けて解説していきます。

パターン４　母音がリエゾン（語結合）する

４つ目のパターンは、やや難易度が高い母音のリエゾン（語結合）についてです。日本人は母音の前で音を切るくせがありますが、ネイティ

ブは母音を前の語句の後ろにくっつけて発音するのです。

パターン5　t、d が後ろの語句に結合する

5つ目のパターンは、t と d の語結合についてです。日本人は切って発音してしまいがちですが、ネイティブは t と d で終わる単語を、後ろの語句にくっつけて発音します。

この5つのパターンを基礎に、「弱点」を克服するためのリスニング練習をしていきましょう。

音声のご利用方法

方法 1　音声再生アプリで再生する

右の QR コードをスマホなどで読み取るか、下の URL にアクセスしてアプリをダウンロードしてください。ダウンロード後、アプリを起動して『聞いて書きとる英語リスニング 300 問　改訂新版』を選択すると、端末に音声がダウンロードできます。

https://gakken-ep.jp/extra/myotomo/

方法2　MP3 形式の音声で再生する

上記の方法1の URL、もしくは QR コードでページにアクセスし、ページ下方の【語学・検定】から『聞いて書きとる英語リスニング 300 問　改訂新版』を選択すると、音声ファイルがダウンロードされます。

● ご利用上の注意

お客様のネット環境およびスマホやタブレット端末の環境により、音声の再生やアプリの利用ができない場合、当社は責任を負いかねます。また、スマホやタブレット端末へのアプリのインストール方法など、技術的なお問い合わせにはご対応できません。ご理解いただきますようお願いいたします。

パターン1

単語が
一音節のように
聞こえる

単語が 一音節のように 聞こえる

1拍のように発音される単語

知っている言葉、つまり目で読んでわかる英単語でも、ネイティブの流暢な発音で聞くと、とたんに聞き取れなくなることがありますが、それは目で読んだときの印象と耳で聞こえたときの印象が違うからです。

たとえば train（電車）という単語を考えてみましょう。
英語の音に慣れていない日本人の多くは、この単語を「ト・レ・イ・ン」という4つの音（4つのシラブル）で認識します。しかしネイティブスピーカーがふつうに話すとき、これは1拍で、つまり「め（目）」や「け（毛）」と同様、一音節のように発音されます。もちろん「ト・レ・イ・ン」という4つの音を、1拍で発音するというのは不可能です。あくまでも、1拍のような感じで、ということです。

これが、日本人が苦手とする流暢な英語のパターンその1です。
知っている単語でも、一音節のように流暢に聞こえてくると、目で読んだときの印象とずいぶん変わってきますね。この印象のギャップが、英語が聞こえづらくなる原因なのです。

以下に挙げた10個の単語を見てください。どれも一目で見て意味のわかる、簡単でなじみ深い単語ばかりですね。しかし、これを実際にネイティブの発音で聞いてみると、まったく聞き取れずに驚くかもしれません。

Track
01

❶ train

❷ chicken

❸ orange

❹ breakfast

❺ Christmas

❻ water

❼ building

❽ apartment

❾ birthday

❿ apple

単語が一音節のように聞こえる、というパターンがつかめてきたでしょうか。それでは、ここでちょっと練習問題を解いてみましょう。

音声を聞いて、単語を書き取ってみてください。スペルミスは気にせずに、聞き取れたまま書いてみましょう。

Track 02

❶ _____

❷ _____

❸ _____

❹ _____

❺ _____

❻ _____

いかがでしょうか？
正解は、次の６つの単語です。

❶ strong

❷ clock

❸ doctor

❹ parents

❺ album

❻ garden

どれも知っている単語ばかりだと思いますが、目で見るのと耳で聞くのでは大きなギャップがあることを、実感して頂けたのではないかと思います。

外来語

日本人が単語のリスニングでつまずきやすいもうひとつの弱点として、外来語があります。外来語の中には、英語と日本語とでは発音が違うものがたくさんあるのです。

外来語のほとんどが、目で読んだ発音が、日本語として認識されています。ですから特に聞こえづらいものは、目で読んだときの印象と聞こえてきたときの印象の違いが激しいものなのです。

たとえば、oasis という単語を日本人は「オアシス」と発音してしまいますが、実際のネイティブの英語では「アウェイシス」と発音されます。

このようなギャップが、英語の音の聞き取りを難しくしているのです。

加えて流暢に 1 拍で、つまり「め（目）」や「け（毛）」のように、一音節のように発音されるので、よけいに聞きづらくなります。

次に挙げる 12 個の外来語の発音を聞いて、一音節のネイティブらしい発音の聞き取りをマスターしていきましょう。

Track 03

❶ _____
❷ _____
❸ _____
❹ _____
❺ _____
❻ _____
❼ _____
❽ _____
❾ _____
❿ _____
⓫ _____
⓬ _____

いかがでしょうか？
正解は、次の 12 個の単語です。

❶ dollar

❷ salad

❸ tunnel

❹ sweater

❺ alcohol

❻ allergy

❼ pudding (プリンの語源です)

❽ lemonade (ラムネの語源です)

❾ American (メリケンの語源です)

❿ machine (ミシンの語源です)

⓫ curry

⓬ cocoa

それでは、練習問題です。音声を聞いて、単語を書き取ってみてください。スペルミスは気にせずに、聞き取れたまま書いてみましょう。

Track 04

❶ _____

❷ _____

❸ _____

❹ _____

❺ _____

❻ _____

❼ _____

❽ _____

❾ _____

❿ _____

答えは次の通りです。日本語として定着しているカタカナ語とは、まったく違う音に聞こえますね。

❶ margarine

❷ amature

❸ stadium

❹ stew

❺ sandwich

❻ button

❼ chocolate

❽ drama

❾ energy

❿ garage

一音節のように聞こえる 単語のかたまり

さらに、一音節のように聞こえるのは、ひとつの単語だけに限りません。2つ以上の単語のかたまりも、ネイティブが流暢に発音すると一音節のように、「点」の発音になります。

たとえば、this train というフレーズを日本人は「ディス・トレイン」という2つの音のかたまりととらえがちですが、ネイティブは「ディストレン」のように、ひとつの音のかたまりで、「点」で発音するのです。つまり1拍で、一音節のように発音されるのです。これも日本人が苦手とするリスニングの弱点のひとつですね。

次の単語のかたまりを、一音節を意識しながら聞き取ってみましょう。

1 this train

2 orange juice

3 white shirts (ワイシャツの語源です)

4 my birthday

5 cell phone

6 cheese cake

7 hot coffee

8 Christmas tree

9 TV set

10 ice cream

2つの単語を一音節のように発音するパターンを、理解できたでしょうか？ 続いて練習問題にチャレンジしましょう。

それでは、練習問題です。音声を聞いて、単語を書き取ってみてください。スペルミスは気にせずに、聞き取れたまま書いてみましょう。

Track 06

❶ _____

❷ _____

❸ _____

❹ _____

❺ _____

パターン **1** 単語が一音節のように聞こえる

単語のかたまりを、しっかり聞き取ることができたでしょうか？
正解は以下の通りです。

1 alarm clock

2 toothbrush

3 spare key (合鍵)

4 long coat

5 soul mate (心の友)

このように、よく知っているつもりでもなかなか英単語を聞き取れない理由は、単語が一音節のように聞こえる、という流暢な英語のパターンに慣れていないからなのです。日本人の弱点のひとつであるこのパターンを意識して、単語、あるいは単語のかたまりをしっかり聞き取れるようになりましょう。

パターン 2

前置詞と後ろの語句が一音節のように聞こえる

前置詞と後ろの語句が一音節のように聞こえる

すでに述べた通り、目で英語を読んだとき、あるいは口に出して発音してみたときの印象と、耳でネイティブの流暢な英語を聞いたときの印象に、大きなギャップを感じることがあるでしょう。特にギャップが大きなもののひとつに、前置詞があります。

典型的な日本人の英語発音の特徴として、前置詞をはっきり独立させて発音してしまう、というものがあります。

たとえば、日本人は in the box を「イン・ザ・ボックス」というように、前置詞に独特な強調を置いて発音してしまうのです。

しかし、ネイティブの英語では、前置詞は短く、後ろに続く語句につながって、前置詞句全体で一音節、すなわち「点」のように発音されます。

これが、日本人が苦手とする流暢な英語のパターンその2です。

次の前置詞を含む語句を、一音節を意識しながら、1拍で発音してみましょう。

❶ in the box
❷ for you
❸ after you
❹ before dinner
❺ behind you

練習問題 1

それでは、練習問題です。流れてくる音を聞いて、単語を書き取って
みてください。スペルミスは気にせずに、聞き取れたまま書いてみま
しょう。

Track
08

❶ _____

❷ _____

❸ _____

❹ _____

❺ _____

❻ _____

❼ _____

❽ _____

前置詞と後ろの語句の結合を、しっかり聞き取れたでしょうか？　答えは以下の通りです。

① from England
② on foot
③ by train
④ at once
⑤ like you （あなたのように）
⑥ near here
⑦ under the tree
⑧ with me

最初は少し難しいかもしれませんが、前置詞を聞き取れるように
なるとぐっとリスニング力がアップしますので、このパターンを
しっかり意識しましょう。

パターン 3

主語と動詞が一音節のように聞こえる

主語と動詞が一音節のように聞こえる

主語＋動詞の平叙文

これは、主語と動詞をはっきり分けて発音する日本人には、なかなか感覚的につかみづらいパターンです。まずは通常の文、つまり平叙文の場合から見ていきましょう。

たとえば He drinks.（彼はお酒を飲みます。）と言う場合、典型的な日本人の英語発音の特徴として、He と drinks をはっきり独立させて「ヒー・ドリンクス」と発音してしまいがちです。

しかし、流暢なネイティブの発音では、主語と動詞をまとめて一音節で、「点」のように発音します。He drinks. をひとつの音のかたまりととらえ、「ヒドリンクス」というふうに、短く発音するのです。

次のセンテンス（主語＋動詞）を、一音節を意識しながら聞き取って
みましょう。

❶ He drinks.

❷ I drink.

❸ He smokes.

❹ I understand.

❺ We know.

❻ You smoke.

❼ He doesn't drink.

それでは、練習問題です。流れてくる音を聞いて、単語を書き取って
みてください。スペルミスは気にせずに、聞き取れたまま書いてみま
しょう。

Track
10

❶ _____

❷ _____

❸ _____

❹ _____

❺ _____

❻ _____

❼ _____

❽ _____

❾ _____

❿ _____

主語と動詞がくっついて、一音節で発音されるのを、しっかり聞き取ることができたでしょうか？ 答えは以下の通りです。

❶ I forgot.

❷ She complains.

❸ They change.

❹ It happened.

❺ I hope.

❻ I wish.

❼ He lies.

❽ I can ski.

❾ We shouldn't go.

❿ She doesn't drive.

主語＋動詞の疑問文

平叙文と同様に、疑問文の場合も一音節で発音します。

Did he come? は「ディド・ヒー・カム」ではなく、「ディドゥヒカム」と、ひとつの「点」で発音するのです。

また、疑問詞が入った場合も同様です。流暢な英語では、疑問詞も「主語＋動詞」の一部と見なします。

たとえば、What did you do? は、「ワット・ディド・ユー・ドゥ」ではなく、「ワッディジュドゥ」と、こちらもひとつの「点」のように発音されるのです。

次の疑問文のセンテンス（主語＋動詞）を、一音節を意識しながら聞き取ってみましょう。

Track
11

❶ Do you drink?

❷ Do you smoke?

❸ Does he sing?

❹ Do they drive?

❺ Can I go?

疑問文でも同様に、主語と動詞が結合するのがわかりますね。ネイティブの発音を聞き取れたでしょうか？

それでは、練習問題を解いてみましょう。

（練習問題） 2

それでは、練習問題です。流れてくる音を聞いて、単語を書き取って
みてください。スペルミスは気にせずに、聞き取れたまま書いてみま
しょう。

Track
12

❶ _____

❷ _____

❸ _____

❹ _____

❺ _____

❻ _____

❼ _____

❽ _____

❾ _____

❿ _____

答えは以下の通りです。

❶ Can you ski?

❷ Did you go?

❸ May I go?

❹ Shall we dance?

❺ What can we do?

❻ Where can I stay?

❼ What can we eat?

❽ Where did he go?

❾ How did you do?

❿ When do you come?

主語と動詞、疑問詞をはっきり分けて発音しがちな日本人には、なかなかこのパターンをつかむのは難しいかもしれませんが、意識的に何度も練習問題を聞き取って、耳を鍛えていきましょう。

パターン 4

母音が
リエゾン（語結合）
する

母音が
リエゾン （語結合）
する

ここからは、日本人が特に苦手とするパターンへと入っていきますよ。
さらに流暢な英語が聞き取れるように、次のステップに移りましょう。
日本人の話す英語（イメージする英語）は、母音の前で音を切るという特徴があります。これは、かなり流暢に話せる人でも顕著な特徴です。

たとえば、He is arriving. を日本人が発音すると、「ヒーイズ・アラ イヴィング」と、arriving の「ア」の前で音を切ります。

しかし、ネイティブの英語ではふつう、この arriving の a は前の he is の s につながって、「ヒイザ　ライヴィング」となり、arriving の a は明らかに音を変えてしまうのです。

次のセンテンスを、リエゾン（母音が前につながること）を意識しながら、聞き取ってみましょう。

1 He is arriving.

2 It's interesting.

3 It's on me.

4 Listen up.

5 He is asleep.

6 He exercises.

練習問題　**1**

それでは、練習問題です。流れてくる音を聞いて、単語を書き取って
みてください。スペルミスは気にせずに、聞き取れたまま書いてみま
しょう。

1 _____

2 _____

3 _____

4 _____

5 _____

6 _____

7 _____

8 _____

日本人が最も苦手とする「リエゾン」を、しっかり認識できるようになったでしょうか？　答えは以下の通りです。

❶ Go on.
❷ She is out.
❸ That's all.
❹ This is it.
❺ Come in.
❻ He is arriving.
❼ It's interesting.
❽ It's empty.

日本語では母音を強く発音しますので、英語の「母音が前の子音に結合する」というパターンがあまりピンとこないかもしれませんね。日本人にとって特になじみにくいパターンだからこそ、しっかり意識して聞き取れるようになりましょう。

パターン5

t、d が
後ろの語句に
結合する

t、d が
後ろの語句に
結合する

英語に慣れていない日本人から、よく「I can と言っているのか、I can't と言っているのか、区別がつかない」という声を聞きます。これも、皆さんが英語を目で読んだときの印象と、耳で聞こえたときの印象が違うことに起因する「弱点」です。

実は、日本人の英語のもうひとつの特徴として、t と d で音を止める癖というものがあります。

しかし、流暢な英語では t 、d が後ろにつながるのです。

たとえば、日本人が英語で I can't go と発音する場合、I can't/go と、t の後ろで音を止めますよね。または、I can（t）go と、t を省略してしまいます。

しかし、ネイティブが話す流暢な英語の場合、I can tgo と、t を後ろにつけて発音します。これが、I can なのか I can't なのか、日本人が聞き分けられない理由なのです。

d のパターンも見てみましょう。

たとえば red roses を、日本人は「レッド・ローズィズ」と発音し

がちですが、ネイティブは red の d を後ろの roses につなげて、re droses「レ　ドゥロズィズ」と発音するのです。
明らかに音が変わって聞こえますね。

この法則を意識して、以下の文を聞いてみてください。

❶ red roses

❷ I don't care.

❸ And you?

❹ I can't go.

❺ It could be.

ネイティブの流暢な英語では、t と d が次の語句の頭にくっついて発音されるのが理解できたでしょうか?

それでは、練習問題を解いてみましょう。

流れてくる音を聞いて、単語を書き取ってみてください。スペルミスは気にせずに、聞き取れたまま書いてみましょう。

Track 16

❶ _____

❷ _____

❸ _____

❹ _____

❺ _____

tとdの語結合のリスニングは、これでマスターできましたね。答え
は以下の通りです。

1 Don't cry!

2 Not sure.

3 mid-morning

4 custard pie

5 He can't help.

このパターンに慣れてしまえば、もうI can と I can't を聞き間違え
ることもなくなるはずです。tとdが後ろの語句に結合するという流
暢な英語の特徴を、しっかり覚えておきましょう。

さて、ここまでネイティブの発音する流暢な英語の5つのパターン、すなわち日本人が苦手とするリスニングの5つの弱点を、ひとつずつ解説してきました。

次からはいよいよ「実践編」のエクササイズです。この5つのパターンを思い出しながら、初級、中級、上級と徐々にレベルアップして、リスニング×ディクテーションの問題300問に挑戦しましょう！

初級150問

Track 17

問題

1. I am _____ _____ child.

2. Put _____ _____ cap.

3. He bought a _____ .

4. Do you have _____ _____ _____ ?

5. I ordered a pizza _____ _____ .

6. _____ _____ _____ _____ now.

1. I am (an) (only) child.

訳　　　　　私は一人っ子だ。

パターン4　anのaが前のmに付いて、onlyのoが前のnに付くので、聞き取りづらいですね。

2. Put (on) (a) cap.

訳　　　　　帽子をかぶりなさい。

パターン4　リエゾンに注意。onが前のPutのtに付き、aが前のnにくっつきます。

3. He bought a (sweater).

訳　　　　　彼はセーターを買った。

パターン1　外来語です。一音節のように発音されるので、日本語の印象と違いますね。

4. Do you have (a) (road) (map)?

訳　　　　　道路地図を持ってる？

パターン1 & 4　aが前の動詞に付き、roadとmapが一音節のように聞こえてきます。

5. I ordered a pizza (for) (dinner).

訳　　　　　夕食にピザを頼んだ。

パターン2　前置詞のforがdinnerに付いて、一音節のように聞こえます。

6. (I) (have) (to) (go) now.

訳　　　　　もう行かなくては。

パターン3　主語＋動詞のI have to goまでが、一音節のように聞こえます。

Track 18

問題

7. _____ _____ wrong yesterday.

8. Time seems to go quickly _____ _____ .

9. Please _____ _____ .

10. I will _____ _____ tonight.

11. A man _____ _____ _____ the building.

12. _____ _____ _____ this book yesterday.

7. (Everything) (went) wrong yesterday.

訳 昨日は何もかもがおかしかった。

パターン3 主語＋動詞の Everything went が、一音節のように聞こえます。

8. Time seems to go quickly (with) (age).

訳 年を取ると、時間が早く過ぎるように思える。

パターン2 前置詞 with と後ろの age が一音節に聞こえます。

9. Please (come) (in).

訳 お入りください。

パターン4 in が come にくっついて、(カミィン)のように聞こえます。

10. I will (go) (out) tonight.

訳 今夜は出かけます。

パターン4 out が go にくっついて、(ゴァウト)のように聞こえます。

11. A man (came) (out) (of) the building.

訳 男が建物から出てきた。

パターン4 out、of がそれぞれ前の単語にくっついて、(ケマウトゥヴ)のように聞こえます。

12. (Someone) (gave) (me) this book yesterday.

訳 昨日誰かが私にこの本をくれた。

パターン3 主語＋動詞の Someone gave が、一音節のように聞こえます。

Track
19

問 題

13. _____ _____ _____ _____ last week.

14. She put the bag _____ _____ _____ .

15. _____ _____ _____ _____ _____ is

my boyfriend.

16. Kei told me _____ _____ here.

17. _____ _____ this shirt.

18. _____ _____ _____ a 10,000 yen bill?

13. (I) (got) (this) (suit) last week.

訳　　　　　　　先週このスーツを手に入れました。

パターン 3&1　　主語＋動詞が一音節と、単語が一音節のパターンが、連続
　　　　　　　　して起こります。

14. She put the bag (in) (the) (closet).

訳　　　　　　　彼女はバッグをクローゼットにしまった。

パターン 2　　　前置詞 in と後ろの the closet が、一音節に聞こえます。

15. (The) (man) (standing) (over) (there) is my
　　boyfriend.

訳　　　　　　　あそこに立っている人が、私の彼氏よ。

パターン 1　　　長いのですが「あそこに立っている人」という単語のかた
　　　　　　　　まりです。一息で発音されるので、一音節のように聞こえ
　　　　　　　　ます。

16. Kei told me (to) (come) here.

訳　　　　　　　ケイは私にこっちへ来るよう言った。

パターン 2　　　前置詞と後ろの語句が、一音節のように（トゥカム）と聞
　　　　　　　　こえます。

17. (I'll) (take) this shirt.

訳　　　　　　　このシャツにします。

パターン 3　　　主語＋動詞が一音節のように、（アルティク）と聞こえます。

18. (Can) (you) (break) a 10,000 yen bill?

訳　　　　　　　1万円札をくずしてくれませんか？

パターン 3　　　主語＋動詞が一音節のように、（キャンユブレイク）と聞こ
　　　　　　　　えます。

Track
20

問題

19. I'm having _____ _____ this computer.

20. The car _____ _____ _____ pole.

21. _____ _____ _____ _____ _____

_____ yesterday.

22. _____ _____ _____ for lunch.

23. It _____ _____ _____ to do

this homework.

24. I love _____ _____ with my friends.

19. I'm having (trouble) (using) this computer.
訳　　　　　このコンピューターを扱うのに手を焼いているよ。
パターン1　trouble using が一音節のように聞こえます。

20. The car (ran) (into) (a) pole.
訳　　　　　車が柱にぶつかった。
パターン4　into、a がそれぞれ前の単語にくっついて、(ラニントゥア)
　　　　　　のように聞こえます。

21. (I) (ran) (into) (an) (old) (friend) yesterday.
訳　　　　　昨日古い友人に出会った。
パターン3&4&1　3つパターンが続きます。特に into、an、old がそれぞれ
　　　　　　前の単語にリエゾンして、聞きづらいです。

22. (I) (made) (sandwiches) for lunch.
訳　　　　　ランチにサンドウィッチを作った。
パターン3 & 1　主語＋動詞の I made が（アメイド）のように一音節に聞
　　　　　　こえ、続いて外来語の sandwiches も一音節のように聞
　　　　　　こえます。

23. It (was) (really) (difficult) to do this homework.
訳　　　　　この宿題をやるのは本当に難しかったよ。
パターン5　It の t が was について聞こえるので、聞きづらくなります。

24. I love (hanging) (out) with my friends.
訳　　　　　友達と遊ぶのが大好きだ。
パターン4　out が hanging にくっついて、（ハンギガウトゥ）のよう
　　　　　　に聞こえます。

問題

25. _____ _____ _____ _____ the famous

actor in Shinjuku.

26. _____ _____ _____ a hamburger.

27. _____ _____ _____ _____ _____ to

dinner?

28. _____ _____ _____ _____ for others.

29. He _____ _____ _____ _____

two years ago.

30. You can choose _____ _____ _____

_____ .

25. (I)(happened) (to) (see) the famous actor in Shinjuku.

訳　　　　　新宿で、有名な俳優を見かけた。

パターン3　主語＋動詞の I happened to see が、一音節のように聞こえます。

26. (I) (just) (want) a hamburger.

訳　　　　　ハンバーガーください。

パターン3　主語＋動詞の I just want が一音節のように聞こえます。

27. (Can) (I) (take) (you) (out) to dinner?

訳　　　　　夕食に誘ってもいいかな？

パターン3 & 4　主語＋動詞が一音節のようになり、さらに out がそれにリエゾンしています。

28. (He) (always) (looks) (out) for others.

訳　　　　　彼はいつも他人のことを見守っている。

パターン3 & 4　主語＋動詞が一音節のようになる中で、always が he にくっついてしまい、聞きづらくなります。

29. He (dropped) (out) (of) (college) two years ago.

訳　　　　　彼は2年前に大学を中退した。

パターン5 & 4　dropped の d が後ろに付き、of が前に付くので、聞きづらくなります。

30. You can choose (three) (cakes) (you) (like).

訳　　　　　好きなケーキを3つ選ぶことができます。

パターン1　「好きなケーキを3つ」という単語のかたまりが、一音節のように聞こえます。

問題

31. Can you put _____ _____ _____ _____

on the table?

32. The _____ _____ _____ _____ is

so cute.

33. That boy is _____ _____ _____ .

34. Santa is _____ _____ _____ .

35. _____ _____ _____ going fast.

36. The mountains are _____ _____ snow.

31. Can you put (away) (all) (the) (books) on the table?

訳 テーブルの上の本を、全部片づけてくれる？

パターン4 & 1 away が前に付き、加えて all the books が一音節のように聞こえます。

32. The (little) (cat) (drinking) (milk) is so cute.

訳 小さな猫がミルクを飲んでいるのは、とてもかわいいね。

パターン1 The little cat drinking milk までが、一音節のように聞こえます。

33. That boy is (tall) (and) (thin).

訳 あの男の子はひょろりとしている。

パターン4 and が tall にくっついて、（トォランド）のように聞こえます。

34. Santa is (shaking) (a) (bell).

訳 サンタが鈴を鳴らしている。

パターン4 a が shaking にくっついて、（シェキンガ）のように聞こえます。

35. (The) (cars) (are) going fast.

訳 車がすごい速さで走っています。

パターン3 & 4 主語＋動詞と母音のリエゾンで、（ザカズァ）のように聞こえます。

36. The mountains are (covered) (with) snow.

訳 山々が雪に覆われている。

パターン5 covered の d が後ろの with にくっついて、（カヴァードゥィズ）のように聞こえます。

Track 23

37. He is _____ _____ _____ _____ .

38. The student is speaking _____ _____

_____ .

39. _____ _____ _____ _____ the bridge.

40. The boy is _____ _____ _____ .

41. _____ _____ _____ _____ .

42. _____ _____ _____ is on the corner.

37. He is (running) (along) (the) (street).
訳　　　　　彼は道に沿って走っている。
パターン4 & 1　along が running にくっついて、後ろの the street も一音節のように聞こえます。

38. The student is speaking (to) (a) (teacher).
訳　　　　　学生が教師に話しかけている。
パターン4 & 2　前置詞が後ろの語句にくっつきます。加えて a が to にくっついて、(トゥァティチャ) のように聞こえます。

39. (The) (cars) (are) (crossing) the bridge.
訳　　　　　車が橋を渡っている。
パターン3 & 4　The cars are crossing が一音節のように聞こえます。特に are が cars に付き、(ザカーズァ) と短く響きます。

40. The boy is (riding) (a) (bicycle).
訳　　　　　少年が自転車に乗っています。
パターン4 & 1　a が前に結合し、後ろの単語が一音節のように聞こえます。

41. (The) (curtain) (is) (rising).
訳　　　　　幕が上がっていく。
パターン3　　主語＋動詞が一音節のように聞こえます。

42. (The) (steak) (restaurant) is on the corner.
訳　　　　　ステーキレストランは、角のところにあります。
パターン1　　The steak restaurant という単語のかたまりが、一音節のように聞こえます。

Track
24

問題

43. The kitchen is _____ .

44. _____ _____ are laughing.

45. The woman is _____ a dress.

46. _____ _____ _____ _____ the garden.

47. Let's _____ _____ the sun.

48. _____ _____ .

43. The kitchen is (dirty).

訳　　　　台所が汚い。

パターン1　dirty が一音節のように聞こえます。

44. (Both) (men) are laughing.

訳　　　　男はどちらも笑っている。

パターン1 & 4　Both men が一音節のように聞こえ、加えて are が men に付き、（ボスメナー）のように聞こえます。

45. The woman is (wearing) a dress.

訳　　　　女はドレスを着ている。

パターン3　主語＋動詞が一音節のように聞こえます。

46. (I) (have) (to) (water) the garden.

訳　　　　庭に水をやらなきゃ。

パターン3　主語＋動詞の I have to water が、一音節のように聞こえます。

47. Let's (sit) (in) the sun.

訳　　　　日なたぼっこしましょう。

パターン4 & 5　sit と in がくっついて、（スィティン）のように聞こえます。

48. (I'm) (lost).

訳　　　　迷ってしまった。

パターン3　主語＋動詞がかたまりとなって、一音節のように聞こえます。

問題

49. _____ _____ _____ no parking.

50. _____ _____ a stop sign

_____ _____ _____ .

51. _____ _____ is in the zoo.

52. All my friends are doing _____ _____ .

53. I want _____ _____ _____

for this spaghetti.

54. The street is _____ _____ .

49. (The) (sign) (says) no parking.

訳　　　　　標識には駐車禁止と書いてある。

パターン3　　主語＋動詞の The sign says が一音節のように聞こえます。

50. (There) (is) a stop sign (on) (the) (corner).

訳　　　　　角には一時停止のサインがある。

パターン3＆2　主語＋動詞が一音節のように聞こえます。また、前置詞が後ろに付いて、こちらも一音節のように聞こえます。

51. (The) (elephant) is in the zoo.

訳　　　　　象は動物園にいる。

パターン1　　The elephant が一音節のように聞こえます。

52. All my friends are doing (their) (exercises).

訳　　　　　友達はみんな運動している。

パターン1＆4　単語のかたまりが一音節のように聞こえ、加えて exercises の e が前に付き、聞こえづらくなります。

53. I want (some) (more) (sauce) for this spaghetti.

訳　　　　　このスパゲッティにはもう少しソースが欲しい。

パターン1　　some more sauce が一音節のように聞こえます。

54. The street is (almost) (empty).

訳　　　　　通りにはほとんど人がいない。

パターン4　　almost の a、empty の e がそれぞれ前の単語に付いて、聞きづらくなります。

Track 26

問題

55. The plane _____ _____ the airport.

56. Many cars _____ _____ _____ _____ .

57. The coffee is _____ _____ .

58. _____ _____ _____ very steep.

59. _____ _____ your tongue.

60. She has _____ _____ _____

   for paintings.

55. The plane (is) (approaching) the airport.

訳　　　　　飛行機は空港に近づいている。

パターン4　　is と approaching がそれぞれ前の単語に付くので、聞き
　　　　　　づらくなります。

56. Many cars (have) (had) (an) (accident).

訳　　　　　たくさんの車が事故にあってしまった。

パターン3&4&1 主語＋動詞が一音節に聞こえます。また、母音のリエゾン、
　　　　　　さらに an accident が一音節に聞こえます。

57. The coffee is (very) (hot).

訳　　　　　コーヒーがとても熱い。

パターン1　　very hot が一音節のように聞こえます。

58. (The) (hill) (is) very steep.

訳　　　　　その丘はとても険しい。

パターン3　　主語＋動詞が一音節のように聞こえます。

59. (Stick) (out) your tongue.

訳　　　　　舌を出してください。

パターン4　　母音のリエゾンで out が前に付き、聞きづらくなります。

60. She has (a) (good) (eye) for paintings.

訳　　　　　彼女は良い絵がわかる。

パターン1 & 4 a good eye for paintings が一音節のように聞こえます。
　　　　　　加えて eye が前の good に付き、（グッダイ）のように
　　　　　　聞こえます。

Track 27

61. I'm _____ _____ .

62. Do I know you _____ _____ ?

63. Keep _____ _____ !

64. Please _____ _____ _____ .

Don't leave me.

65. I'm _____ with this job.

66. I _____ _____ the newspaper.

61. I'm (all) (ears).
訳 　　　　 聞いています（ぜひ聞かせてください）。
パターン1 & 4 all ears が一音節のように聞こえ、さらに母音のリエゾンがあります。

62. Do I know you (from) (somewhere)?
訳 　　　　 どこかでお会いしたことがありましたっけ？
パターン2 　 前置詞と後ろの語が一音節に聞こえます。

63. Keep (it) (up)!
訳 　　　　 その調子！
パターン4 & 5 　i が前の p に付き、t が後ろの u に付き、聞きづらくなります。

64. Please (have) (a) (heart). Don't leave me.
訳 　　　　 頼む、行かないで。
パターン4 & 5 母音のリエゾンがあり、その後、Don't の t が後ろの leave に付きます。

65. I'm (bored) with this job.
訳 　　　　 この仕事に飽きました。
パターン2 　 前置詞 with が後ろの the job に付き、一音節のように聞こえます。

66. I (went) (through) the newspaper.
訳 　　　　 新聞に目を通した。
パターン3 　 主語＋動詞が一音節のように聞こえます。

Track 28

(問 題)

67. Shall we _____ _____ _____ ?

68. She is walking _____ _____ .

69. The truck is _____ _____ .

70. The bus is _____ _____ _____ .

71. The boys are dancing

_____ _____ _____ .

72. You shouldn't _____ _____ _____

_____ _____ .

67. Shall we (talk) (over) (coffee)?
訳　　　　　コーヒーを飲みながら話しましょう。
パターン2 & 4　前置詞と後ろの語が一音節に聞こえます。加えて over の o が前の単語にリエゾンし、聞きづらくなります。

68. She is walking (her) (dog).
訳　　　　　彼女は犬を散歩させている。
パターン1　her dog が一音節のように聞こえます。her が短く発音されて dog にくっつくので、聞きづらくなります。

69. The truck is (upside) (down).
訳　　　　　トラックが横転している。
パターン1　upside down が一音節のように聞こえます。

70. The bus is (behind) (our) (car).
訳　　　　　私たちの車の後ろにバスがついている。
パターン2 & 4　前置詞と後ろの語句が一音節に聞こえます。our の o が前の単語にリエゾンし、聞きづらくなります。

71. The boys are dancing (to) (the) (music).
訳　　　　　男の子たちが音楽に合わせて踊っている。
パターン2　前置詞と後ろの語句が一音節に聞こえます。

72. You shouldn't (walk) (across) (the) (street) (here).
訳　　　　　ここで道を横切ってはいけません。
パターン4 & 2　across の a が前の単語に付き、across the street までが一音節のように聞こえます。

Track
29

問題

73. The little boy is _____ _____ _____

in the park.

74. _____ _____ is very crowded.

75. _____ _____ _____ _____ _____

a letter.

76. _____ _____ _____ _____ _____

the post office.

77. _____ _____ _____ watching

the musicians.

78. Please _____ _____ .

73. The little boy is (flying) (a) (kite) in the park.

訳　　　　　小さな少年が、公園で凧を飛ばしている。

パターン4＆1　a が前の単語に付き、The little boy が一音節のように聞こえます。

74. (The) (platform) is very crowded.

訳　　　　　プラットフォームはかなり混雑している。

パターン1　　The platform が一音節のように聞こえます。

75. (An) (old) (woman) (is) (mailing) a letter.

訳　　　　　年老いた女性が手紙を投函している。

パターン3＆4　主語＋動詞が一音節のように聞こえ、母音のリエゾンがあります。

76. (The) (police) (officer) (is) (entering) the post office.

訳　　　　　警官が、郵便局へ入っていく。

パターン3＆4　主語＋動詞が一音節のように聞こえ、母音のリエゾンがあります。

77. (The) (crowd) (is) watching the musicians.

訳　　　　　群衆は、ミュージシャンを見ている。

パターン3＆5　主語＋動詞が一音節で聞こえる上にdが後ろに付き、（ザクラウディズ）のように聞こえます。

78. Please (be) (still).

訳　　　　　じっとして。

パターン3　　主語＋動詞が一音節のように聞こえます。

問題

79. _____ _____ _____ _____ very nice.

80. _____ _____ _____ very strange.

81. The men are wearing _____ _____ .

82. The bus is _____ _____ _____ _____ .

83. Two people are _____ _____ _____

_____ .

84. The women are _____ _____ _____

_____ .

79. (All) (the) (children) (were) very nice.
訳　　　　　子どもたちはみんなとてもいい子だった。
パターン3　主語＋動詞が一音節のように聞こえます。

80. (That) (man) (looks) very strange.
訳　　　　　あの男、ひどく様子がおかしいわ。
パターン3　主語＋動詞が一音節のように聞こえます。

81. The men are wearing (matching) (jackets).
訳　　　　　男たちはぴったり合ったジャケットを着ている。
パターン1　matching jackets が一音節のように聞こえます。

82. The bus is (almost) (ready) (to) (go).
訳　　　　　バスが今にも出発しようとしています。
パターン4＆2　almost が前にリエゾンして、前置詞と後ろの語が一音節
　　　　　　　に聞こえます。

83. Two people are (sitting) (by) (the) (car).
訳　　　　　車のそばに2人座っている。
パターン2　前置詞と後ろの語句が一音節に聞こえます。

84. The women are (sitting) (in) (the) (car).
訳　　　　　車の中に女性が座っている。
パターン4＆2　前置詞と後ろの語句が一音節に聞こえ、その中の in が前に
　　　　　　　付き、（スィティンギン）のように聞こえます。

問題

85. _____ _____ _____ _____ coffee.

86. A man is _____ _____ the sign.

87. The building is _____ _____ _____ .

88. The train is _____ _____ .

89. The car is _____ _____ _____ .

90. The hotel is _____ _____ .

85. (The) (waitress) (is) (pouring) coffee.

訳　　　　　ウェイトレスはコーヒーをいれている。

パターン3　主語＋動詞の The waitress is pouring が一音節のように聞こえます。

86. A man is (leaning) (against) the sign.

訳　　　　　男は標識に寄りかかっている。

パターン4　against が leaning に付き、（リーニンガゲインスト）と聞こえます。

87. The building is (on) (an) (island).

訳　　　　　ビルは島にある。

パターン2＆4　前置詞と後ろの語句が一音節に聞こえ、その中に母音のリエゾンがあります。

88. The train is (just) (arriving).

訳　　　　　列車が到着するところだ。

パターン5＆4　just の t と arriving の a が結合します。

89. The car is (out) (of) (order).

訳　　　　　車の調子が悪い。

パターン1＆4　out of order が一音節のように聞こえる中に、母音のリエゾンがあります。

90. The hotel is (being) (painted).

訳　　　　　ホテルは塗装中だ。

パターン3　動詞の一部なので、being painted が一音節のように聞こえます。

Track 32

問題

91. _____ _____ is answering calls.

92. The people are standing

_____ _____ _____ .

93. I didn't pass _____ _____ .

94. _____ _____ _____ _____ .

95. _____ _____ _____ my camera for me?

96. I'm trying to find out _____ _____ _____ .

91. (The) (operator) is answering calls.

訳 オペレーターが電話に応えている。
パターン1 The operator が一音節のように聞こえます。

92. The people are standing (in) (a) (line).

訳 人々は並んで立っています。
パターン2 & 4 前置詞 in と後ろの語句が一音節に聞こえ、その中に母音の
リエゾンがあります。

93. I didn't pass (the) (exam).

訳 私は試験に受からなかった。
パターン1 the exam が一音節のように聞こえます。

94. (This) (is) (for) (you).

訳 これあなたにあげる。
パターン3 & 2 主語＋動詞の This is が一音節に、前置詞の for とその後
ろの you が一音節に聞こえます。

95. (Can) (you) (hold) my camera for me?

訳 私のカメラを持っていてくれる？
パターン3 主語＋動詞の Can you hold が一音節のように聞こえま
す。

96. I'm trying to find out (what) (was) (wrong).

訳 私は何が間違っていたのか見つけ出そうとしている。
パターン1 what was wrong が一音節のように聞こえます。

問題

97. _____ _____ _____ in ten minutes.

98. I _____ _____ _____ _____

_____ _____ .

99. _____ _____ _____ _____ _____

_____ _____ .

100. Tell me _____ _____ _____ _____

_____ .

101. _____ _____ _____ _____

smoothly so far.

102. _____ _____ _____

that he has quit his job?

97. (I'll) (be) (there) in ten minutes.

訳　　　　　**10分で行きます。**

パターン3　主語＋動詞が一音節のように聞こえます。とくに I'll が（ァル）のように聞こえるので注意。

98. I (worked) (hard) (to) (finish) (my) (job).

訳　　　　　**仕事を終わらせるため、必死で働いた。**

パターン5　worked の d が後ろに付いて、聞きづらくなっています。

99. (I'm) (not) (sure) (if) (he) (is) (coming).

訳　　　　　**彼が来るかどうかわからない。**

パターン5 & 4　not の t が後ろに付き、if と is がそれぞれ前にリエゾンし、聞きづらくなります。

100. Tell me (how) (the) (news) (got) (out).

訳　　　　　**どうしてそのニュースが漏れたのか教えてください。**

パターン1 & 5　単語のかたまりが一音節のように聞こえる中で、got と out が結合します。

101. (The) (project) (is) (running) smoothly so far.

訳　　　　　**プロジェクトは今のところ順調です。**

パターン3　主語＋動詞が一音節のように聞こえます。

102. (Is) (it) (true) that he has quit his job?

訳　　　　　**彼が仕事をやめたって、本当？**

パターン4　it が前に付き、Is it が（イズィト）のように聞こえます。

Track
34

問題

103. Please fill out _____ _____ .

104. Hold on _____ .

105. Japanese people _____ _____ rice.

106. Can we talk _____ _____ ?

107. The baby _____ _____ _____ .

108. What's _____ _____ _____ ?

103. Please fill out (this) (form).

訳　　　　　このフォームに記入してください。
パターン1　this form が一音節のように聞こえます。

104. Hold on (tight).

訳　　　　　しっかりつかまって。
パターン4　on が前の語にリエゾンします。

105. Japanese people (live) (on) rice.

訳　　　　　日本人は米を常食としている。
パターン4　on が前にくっつきます。

106. Can we talk (right) (now)?

訳　　　　　今ちょっと話せる？
パターン1　right now が一音節のように聞こえます。

107. The baby (kept) (on) (crying).

訳　　　　　赤ちゃんは泣き続けていた。
パターン4　on が前に付き、（ケプトン）のように聞こえます。

108. What's (on) (your) (mind)?

訳　　　　　何を悩んでるの？
パターン2　前置詞と後ろの語句が一音節に聞こえます。

問題

109. What _____ _____ _____ _____ ?

110. Keep off _____ _____ .

111. You look like _____ _____ .

112. _____ _____ is going to Shibuya?

113. Do you think _____ _____ _____

_____ _____ ?

114. Don't forget _____ _____ _____

_____ .

109. What (are) (you) (thinking) (about)?

訳 　　　　何を考えてるの？

パターン3 & 4　主語＋動詞が一音節のように聞こえ、about が前に付いて
　　　　　　　thinking about（スィンキンガバウト）のように聞こえ
　　　　　　　ます。

110. Keep off (the) (grass).

訳 　　　　芝生に入らないでください。

パターン1　 the grass が一音節のように聞こえます。

111. You look like (an) (actress).

訳 　　　　あなたは女優のようだ。

パターン1 & 4　an actress が一音節のように聞こえる中に、母音のリエ
　　　　　　　ゾンがあります。

112. (Which) (train) is going to Shibuya?

訳 　　　　渋谷行の電車はどれですか？

パターン1　 Which train が一音節のように聞こえます。

113. Do you think (you) (are) (a) (good) (singer)?

訳 　　　　あなたは自分を良い歌手だと思いますか？

パターン3 & 1　主語＋動詞の you are と、a good singer という単語の
　　　　　　　かたまりが、それぞれ一音節のように聞こえます。

114. Don't forget (to) (lock) (the) (door).

訳 　　　　ドアに鍵をかけるのを忘れないように。

パターン2 & 1　前置詞と後ろの語句が一音節に聞こえ、the door が一音
　　　　　　　節のように聞こえます。

問題

115. _____ _____ _____ _____ ?

116. _____ _____ _____ ?

117. _____ _____ _____ _____ _____

_____ here?

118. Is there _____ _____ near here?

119. This grape is _____ .

120. _____ _____ _____ _____ _____

_____ fresh.

115. (Who) (told) (you) (that)?
訳　　　　　　誰がそんなこと言ったの？
パターン3　　主語＋動詞が一音節のように聞こえます。

116. (Is) (breakfast) (ready)?
訳　　　　　　朝食はできた？
パターン3　　主語＋動詞が一音節のように聞こえます。

117. (Is) (it) (all) (right) (to) (sit) here?
訳　　　　　　ここに座ってもいい？
パターン4 & 2　it と all がそれぞれ前にリエゾンし、その後前置詞が後ろ
　　　　　　　の語句に付いて一音節のように聞こえます。

118. Is there (a) (laundry) near here?
訳　　　　　　このあたりにランドリーはありますか？
パターン4 & 1　a が前に付き、a laundry が一音節のように聞こえます。

119. This grape is (sour).
訳　　　　　　このぶどうは酸っぱい。
パターン1　　sour が一音節のように聞こえます。

120. (I) (don't) (think) (these) (vegetables) (are) fresh.
訳　　　　　　この野菜が新鮮だとは思えないわ。
パターン3　　I don't think、these vegetables are がそれぞれ一音
　　　　　　　節のように聞こえます。

問題

121. _____ _____ _____ homesick?

122. Are you _____ _____ _____ this plan?

123. Are you _____ - _____ _____

_____ - _____ ?

124. Can you recommend a nice restaurant

_____ _____ ?

125. I can't stand _____ _____ .

126. _____ _____ _____ _____ .

121. (Are) (you) (feeling) homesick?
訳　　　　　ホームシックにかかってる？
パターン3　　主語＋動詞が一音節のように聞こえます。

122. Are you (for) (or) (against) this plan?
訳　　　　　あなたはこの計画に賛成？ 反対？
パターン2＆4　前置詞と後ろの語句が一音節に聞こえ、その中に母音のリ
　　　　　　エゾンがあります。

123. Are you (right)-(handed) (or) (left)-(handed)?
訳　　　　　あなたは右利き？ 左利き？
パターン1　　right-handed、left-handed がそれぞれ一音節のように
　　　　　　聞こえます。

124. Can you recommend a nice restaurant (close) (by)?
訳　　　　　このあたりで良いレストランがあれば教えてくれる？
パターン1　　close by が一音節のように聞こえます。

125. I can't stand (this) (heat).
訳　　　　　この暑さには耐えられない。
パターン1　　this heat が一音節のように聞こえます。

126. (He) (seems) (very) (angry).
訳　　　　　彼はとても怒っているみたい。
パターン3＆1　主語＋動詞の He seems が一音節に聞こえ、さらに very
　　　　　　angry が一音節に聞こえます。

Track 38

問題

127. Do you know _____ _____ _____

_____ _____ ?

128. I'm getting _____ _____ .

129. I'm _____ _____ _____ Mr. Smith.

130. Could you direct me to _____ _____

_____ _____ ?

131. I don't have _____ _____ _____

_____ .

132. The bookstore is _____ _____ _____ .

127. Do you know (who) (that) (beautiful) (woman) (is)?

訳　　　　　　あの美しい女性が誰だか知っていますか？

パターン1　　who that beautiful woman is が一音節のように聞こえます。

128. I'm getting (pretty) (hungry).

訳　　　　　　ものすごくお腹がすいてきた。

パターン1　　pretty hungry が一音節のように聞こえます。

129. I'm (here) (to) (see) Mr. Smith.

訳　　　　　　私はここへスミスさんに会いにきました。

パターン2　　to see が一音節に聞こえます。

130. Could you direct me to (the) (nearest) (train) (station)?

訳　　　　　　最寄の駅へ行く道を教えて頂けませんか。

パターン1　　the nearest train station が一音節のように聞こえます。

131. I don't have (much) (time) (for) (reading).

訳　　　　　　読書する時間があまりない。

パターン1 & 2　much time が一音節のように聞こえ、for reading が一音節のように聞こえます。

132. The bookstore is (closed) (on) (weekends).

訳　　　　　　その本屋は週末閉まっている。

パターン4 & 2　前置詞と後ろの語句が一音節に聞こえますが、on が母音のリエゾンで前に付くので、3つの単語が一音節のように聞こえます。

Track 39

問題

133. _____ _____ _____ _____ for London?

134. _____ _____ _____ _____ football
   very well.

135. How _____ _____ _____ _____
   _____ with you?

136. I don't think _____ _____ _____
   _____ .

137. My friend and I _____ _____ _____
   in Shibuya.

138. _____ _____ _____ _____ before.

133. (When) (are) (they) (leaving) for London?

訳　　　　　　彼らはいつロンドンへ発つの？

パターン3 & 4　主語＋動詞が一音節のように聞こえます。are が When に付き（ホエナー）のように聞こえ、where と聞き間違えることもあります。

134. (I) (don't) (really) (understand) football very well.

訳　　　　　　サッカーのことは本当はよくわからないよ。

パターン3 & 5　主語＋動詞が一音節のように聞こえます。don't の t が really に付きます。

135. How (can) (I) (get) (in) (touch) with you?

訳　　　　　　どうやってあなたと連絡を取ればいいかな？

パターン3 & 4　主語＋動詞が一音節のように聞こえます。get と in がくっつき、（ゲティン）のように聞こえます。

136. I don't think (I) (can) (afford) (it).

訳　　　　　　そんな余裕はないと思う。

パターン3 & 4　主語＋動詞が一音節に聞こえる中に、母音のリエゾンで afford と it がそれぞれ前に結合します。

137. My friend and I (share) (an) (apartment) in Shibuya.

訳　　　　　　友人と私は渋谷でルームシェアしている。

パターン4　　an、apartment がそれぞれ前の語にリエゾンします。

138. (I've) (never) (done) (that) before.

訳　　　　　　今までやったことがないです。

パターン3　　主語＋動詞が一音節のように聞こえます。

Track 40

問題

139. There is _____ _____ _____ _____

_____ .

140. Can you tell me _____ _____ _____

_____ ?

141. _____ _____ _____ _____

since elementary school.

142. _____ _____ _____ _____ _____

_____ to your party.

143. _____ _____ _____ _____

_____ for that day.

144. _____ _____ _____ _____

Mr. Jones has come in yet?

139. There is (a) (hamburger) (place)
(just) (ahead).
訳　　　　　すぐ前方にハンバーガー店がある。
パターン1 & 4　a hamburger place が一音節のように聞こえ、a と
ahead が前の語句にリエゾンしています。

140. Can you tell me (what) (time) (it) (is)?
訳　　　　　今何時か教えてください。
パターン3　what time it is が一音節のように聞こえます。

141. (I) (have) (known) (her) since elementary school.
訳　　　　　小学校の頃から彼女を知っている。
パターン3　主語＋動詞が一音節のように聞こえます。

142. (I'm) (afraid) (I) (can't) (make) (it)
to your party.
訳　　　　　残念ながらあなたのパーティーに出席できません。
パターン3&5&4　主語＋動詞が一音節になる中に can't の t が後ろに付き、
母音のリエゾンがおこります。

143. (I) (have) (already) (made) (plans) for that day.
訳　　　　　その日の計画はすでに立ててあります。
パターン3&4&1　主語＋動詞が一音節に聞こえる中、already の a のリエゾ
ンがあり、単語が一音節に聞こえます。

144. (Do) (you) (know) (if) Mr. Jones has come in yet?
訳　　　　　ジョーンズさんがもう来たかどうかわかります？
パターン3 & 4　主語＋動詞が一音節のように聞こえ、母音のリエゾンで if
が前の単語にくっつきます。

問題

145. _____ _____ _____ _____ heavy.

146. Today is _____ _____ _____ .

147. I saw your friend _____ _____ _____

_____ .

148. I'm going to be busy _____ _____ .

149. My friend just bought _____ _____

_____ _____ .

150. I want to _____ _____ _____ _____

_____ _____ _____ _____ .

145. (The) (traffic) (is) (really) heavy.

訳　　　　　交通量が非常に多い。

パターン3　主語＋動詞の The traffic is が一音節のように聞こえます。

146. Today is (my) (day) (off).

訳　　　　　今日は休日です。

パターン1　my day off が一音節のように聞こえます。

147. I saw your friend (at) (the) (movie) (theater).

訳　　　　　あなたの友人を映画館で見ましたよ。

パターン2　前置詞と後ろの語句が、一音節に聞こえます。

148. I'm going to be busy (all) (morning).

訳　　　　　午前中ずっと忙しくなりそうです。

パターン1　all morning が一音節のように聞こえます。

149. My friend just bought (a) (red) (sports) (car).

訳　　　　　友人が赤いスポーツカーを買ったところだ。

パターン1　a red sports car が一音節のように聞こえます。

150. I want to (find) (out) (how) (to) (make) (an) (apple) (pie).

訳　　　　　どうやってアップルパイを作るか知りたい。

パターン4 & 1　out が前の単語に付き、how to make an apple pie が
　　　　　　　一音節のように聞こえ、加えてその中の語頭の母音が前の
　　　　　　　単語に付きます。

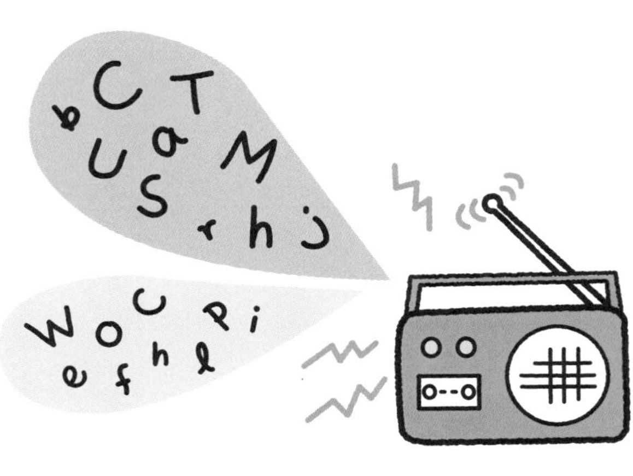

中級100問

問題

1. My daughter _____ _____ _____

_____ _____ to the movie.

2. It is _____ _____ _____ _____

_____ _____ _____ .

3. Tokyo is _____ _____ _____ _____

_____ _____ .

4. _____ _____ _____ _____ _____

_____ , I cry.

5. Didn't you know that _____ _____

_____ ?

1. My daughter (talked) (me) (into) (taking) (her) to the movie.

訳 娘に、映画へ連れて行くよう説き伏せられた。

2. It is (still) (a) (long) (way) (to) (the) (airport).

訳 空港までまだ長い距離がある。

3. Tokyo is (such) (a) (wonderful) (city) (for) (tourists).

訳 東京は旅行者にとって大変素晴らしい街です。

4. (Every) (time) (I) (hear) (that) (song), I cry.

訳 この曲を聞くといつも泣いてしまう。

5. Didn't you know that (we) (are) (vegetarians)?

訳 我々がベジタリアンだって知らなかったの？

Track 43

（問題）

6. Just pass me your plate _____ _____

_____ _____ _____ _____ _____ .

7. _____ _____ _____ _____ _____

for a long time.

8. We can probably _____ _____ _____

_____ _____ _____ _____ at

the stadium.

9. _____ _____ _____ _____ _____ in

your office?

10. That's _____ _____ _____ _____ .

6. Just pass me your plate (if) (you) (want) (another) (piece) (of) (pie).

訳 もう1切れパイが欲しければ、お皿をこっちへちょうだい。

7. (Fishing) (has) (been) (his) (hobby) for a long time.

訳 釣りは彼の長年の趣味だ。

8. We can probably (get) (the) (tickets) (for) (the) (baseball) (game) at the stadium.

訳 私たちはたぶん、スタジアムでの野球の試合のチケットを取れるでしょう。

9. (Did) (I) (leave) (my) (briefcase) in your office?

訳 私はカバンを、あなたのオフィスに忘れたでしょうか？

10. That's (where) (I) (left) (it).

訳 置き忘れたのはそこです。

問題

11. My mind _____ _____ _____ _____ .

12. Is it possible _____ _____ _____

_____ _____ _____ _____ ?

13. I have to go to the office and _____

_____ _____ _____ _____ _____ .

14. I have to pick up _____ _____ _____

_____ at the airport this afternoon.

15. _____ _____ _____ _____ _____

_____ _____ _____ _____ in a hotel.

11. My mind (was) (on) (something) (else).
訳　私は気もそぞろだった。

12. Is it possible (for) (me) (to) (get) (your) (approval) (immediately)?
訳　ただちに許可を頂くことは可能でしょうか？

13. I have to go to the office and (catch) (up) (on) (a) (few) (things).
訳　職場へ行って、多少の仕事の遅れを取り戻さないと。

14. I have to pick up (my) (wife) (and) (daughter) at the airport this afternoon.
訳　今日の午後、空港へ妻と娘を迎えにいかなければ。

15. (I) (thought) (it) (would) (be) (better) (if) (we) (stayed) in a hotel.
訳　ホテルにいる方が良いんじゃないかと思った。

問題

16. ＿＿＿＿ ＿＿＿＿ ＿＿＿＿ this watch ＿＿＿＿ .

17. ＿＿＿＿ ＿＿＿＿ ＿＿＿＿ ＿＿＿＿ my vacation
in July.

18. ＿＿＿＿ ＿＿＿＿ ＿＿＿＿ ＿＿＿＿ ＿＿＿＿
＿＿＿＿ next Friday ＿＿＿＿ ＿＿＿＿ ＿＿＿＿
＿＿＿＿ ＿＿＿＿ ＿＿＿＿ .

19. I heard that ＿＿＿＿ ＿＿＿＿ ＿＿＿＿ ＿＿＿＿
＿＿＿＿ .

20. ＿＿＿＿ ＿＿＿＿ ＿＿＿＿ ＿＿＿＿ ＿＿＿＿
＿＿＿＿ ＿＿＿＿ before dinner?

16. (Can) (I) (get) this watch (gift-wrapped) ?
訳　この時計を贈物用に包んでもらえますか？

17. (I'm) (planning) (on) (taking) my vacation in July.
訳　７月に休みを取るつもりです。

18. (We) (are) (having) (a) (small) (party) next Friday (and) (we'd) (like) (you) (to) (come).
訳　来週の金曜日にちょっとしたパーティーをするから、あなたに来てほしいな。

19. I heard that (you) (were) (leaving) (the) (company).
訳　あなたが会社をやめるつもりだと聞きました。

20. (Can) (I) (get) (you) (anything) (to) (drink) before dinner?
訳　夕食前に、何か飲むものを持ってこようか？

問題

21. If you are driving home, _____ _____

_____ _____ _____ _____ _____

_____ _____ _____ _____ _____ .

22. _____ _____ _____ _____ _____ .

May I help you?

23. _____ _____ _____ _____ _____

_____ _____ _____ this afternoon?

24. Don't forget _____ _____ _____ _____

_____ _____ _____ next Tuesday.

25. I'm sorry, sir, but _____ _____ _____

_____ _____ .

21. If you are driving home, (perhaps) (I) (could)
    (get) (you) (a) (soft) (drink) (or) (some) (fruit)
    (juice).
訳　もし運転して帰るようでしたら、ソフトドリンクかフルーツ
    ジュースをお持ちしましょうか。

22. (You) (appear) (to) (be) (lost). May I help you?
訳　道に迷われたようですね。手を貸しましょうか？

23. (Do) (you) (want) (to) (go) (bowling) (with) (us)
    this afternoon?
訳　今日の午後、僕たちとボウリングに行かない？

24. Don't forget (to) (invite) (your) (boss) (to) (the)
    (meeting) next Tuesday.
訳　来週火曜日のミーティングに、あなたの上司を呼んでくるのを忘
    れないで。

25. I'm sorry, sir, but (that) (flight) (is) (already)
    (full).
訳　申し訳ございません。そのフライトはすでに満席でございます。

問題

26. ＿＿＿＿＿ ＿＿＿＿＿ ＿＿＿＿＿ ＿＿＿＿＿ ＿＿＿＿＿

＿＿＿＿＿ next Thursday.

27. I have to hurry. ＿＿＿＿＿ ＿＿＿＿＿ ＿＿＿＿＿

＿＿＿＿＿ ＿＿＿＿＿ ＿＿＿＿＿ ＿＿＿＿＿ ＿＿＿＿＿

＿＿＿＿＿ ＿＿＿＿＿ ＿＿＿＿＿ .

28. Do you think ＿＿＿＿＿ ＿＿＿＿＿ ＿＿＿＿＿

＿＿＿＿＿ ＿＿＿＿＿ ＿＿＿＿＿ ＿＿＿＿＿ ＿＿＿＿＿ ?

29. Do you want to use ＿＿＿＿＿ ＿＿＿＿＿ ＿＿＿＿＿

＿＿＿＿＿ ＿＿＿＿＿ ＿＿＿＿＿ ＿＿＿＿＿ ?

30. Look at ＿＿＿＿＿ ＿＿＿＿＿ ＿＿＿＿＿ ＿＿＿＿＿

＿＿＿＿＿ . ＿＿＿＿＿ ＿＿＿＿＿ ＿＿＿＿＿ ?

26. (The) (final) (test) (will) (be) (given) next
    Thursday.
訳　最後のテストは、来週の木曜日に行われる。

27. I have to hurry. (I) (promised) (to) (pick) (up)
    (my) (son) (in) (a) (half) (hour).
訳　急がないと。30 分で息子を迎えに行くと約束したんだ。

28. Do you think (we) (could) (stop) (and) (get)
    (something) (to) (eat)?
訳　ちょっと休憩して、何か食べませんか？

29. Do you want to use (my) (computer) (until)
    (you) (get) (yours) (fixed)?
訳　君のコンピューターが直るまで、僕のを使ったらどう？

30. Look at (the) (display) (in) (that) (window).
    (Isn't) (it) (attractive)?
訳　あの窓のディスプレイを見てくれ。素敵じゃないか？

問題

31. How long _____ _____ _____ _____

_____ _____ _____ _____

to Los Angeles?

32. I want to send _____ _____ _____

_____ _____ _____ .

33. This is going to _____ _____ _____

_____ _____ _____ _____ _____ .

34. Would you like _____ _____ _____

_____ _____ _____ _____ on Sunday?

35. I have decided _____ _____ _____

_____ _____ _____ _____ _____ .

31. How long (will) (it) (take) (for) (this) (package) (to) (get) to Los Angeles?

訳　この荷物がロサンゼルスに届くまで、どれくらいかかります？

32. I want to send (my) (girlfriend) (a) (dozen) (red) (roses).

訳　恋人に、赤いバラを 12 本送りたいんです。

33. This is going to (be) (the) (best) (vacation) (we) (have) (ever) (had).

訳　今回は今までにないすばらしい休暇になるだろうね。

34. Would you like (to) (go) (with) (us) (to) (the) (game) on Sunday?

訳　日曜日、私たちと試合に行きませんか？

35. I have decided (to) (leave) (the) (company) (and) (return) (to) (school).

訳　退職し、学校に戻ることを決意した。

問題

36. That was _____ _____ _____ _____

_____ _____ _____ _____ .

37. I'm sorry, sir, _____ _____ _____

_____ _____ _____ _____ _____

_____ .

38. I'm going to _____ _____ _____ _____

_____ . I'll see you tomorrow.

39. Thanks for _____ _____ _____ _____

_____ . I forgot _____ _____ _____ .

40. I hope _____ _____ _____ _____

_____ _____ . I want to go to the beach.

36. That was (the) (worst) (movie) (I) (have) (seen) (in) (years).
訳　近年見た中で最悪の映画だったよ。

37. I'm sorry, sir, (all) (seats) (for) (next) (Friday's) (performance) (have) (been) (sold).
訳　申し訳ございません。来週金曜日の演目は、全席売り切れでございます。

38. I'm going to (take) (off) (for) (the) (day). I'll see you tomorrow.
訳　今日のところは失礼するよ。また明日会おう。

39. Thanks for (reminding) (me) (about) (the) (meeting). I forgot (all) (about) (it).
訳　ミーティングの件をリマインドしてくれてありがとう。すっかり忘れていたよ。

40. I hope (the) (weather) (clears) (up) (by) (tomorrow). I want to go to the beach.
訳　明日までには晴れるといいんだけど。ビーチに行きたいんだ。

問題

41. I'm _____ _____ _____ today.

42. _____ _____ _____ _____ _____

my vacation _____ _____ _____ _____

_____ _____ , at Christmas time.

43. I'm afraid _____ _____ _____ _____

_____ . That is not _____ _____ _____ .

44. My assistant quit to _____ _____ _____

- _____ _____ _____ _____ _____ .

45. If you are free next week, _____ _____

_____ _____ _____ _____ _____ .

41. I'm (working) (overtime) (again) today.
訳　今日もまた残業です。

42. (I) (have) (decided) (to) (postpone) my vacation (until) (the) (end) (of) (the) (year), at Christmas time.
訳　クリスマスの休暇を、年末まで遅らせることにしたよ。

43. I'm afraid (there) (has) (been) (a) (mistake). That is not (what) (I) (ordered).
訳　何か間違いがあったのではないでしょうか。それは私が注文したものではないですよ。

44. My assistant quit to (take) (a) (better)-(paying) (job) (with) (another) (company).
訳　私のアシスタントは、他の会社でより給料の良い職につくために、やめてしまいました。

45. If you are free next week, (perhaps) (you) (could) (go) (skiing) (with) (us).
訳　もし来週ヒマなら、私たちとスキーをしに行きましょうよ。

問題

46. I will be in a meeting until 5:00, _____

_____ _____ _____ _____ _____

_____ _____ .

47. _____ _____ _____ _____ _____

_____ ? Mr. Stevenson wants to talk to you.

48. _____ _____ _____ _____

_____ _____ _____ _____ .

He says it's important.

49. Are you sure _____ _____ _____

_____ _____ _____ _____ _____

_____ _____ ?

50. If I buy this TV set, _____ _____ _____

_____ _____ _____ _____ ?

46. I will be in a meeting until 5:00, (then) (I)
(plan) (on) (going) (to) (the) (opera).

訳　５時までミーティングをして、それからオペラへ行く予定です。

47. (Could) (you) (pick) (up) (the) (telephone)? Mr.
Stevenson wants to talk to you.

訳　電話を取って頂いてもいいですか？　スティーブンソンさんが、
あなたとお話ししたがっています。

48. (I) (think) (you) (had) (better) (talk) (to) (him).
He says it's important.

訳　彼と話したほうがいいと思う。彼もそれが重要だと言っていたよ。

49. Are you sure (you) (parked) (the) (car) (in)
(this) (section) (of) (the) (lot)?

訳　あなたは間違いなく、車をこの区画のこの場所に停めたんですね？

50. If I buy this TV set, (can) (I) (have) (it)
(delivered) (next) (week)?

訳　このテレビのセットを買えば、来週には届けてくれますか？

問題

51. ＿＿＿＿ ＿＿＿＿ ＿＿＿＿ ＿＿＿＿ ＿＿＿＿

＿＿＿＿ , please.

52. I have ＿＿＿＿ ＿＿＿＿ ＿＿＿＿ ＿＿＿＿ to

see Mr. Jones.

53. I want to ＿＿＿＿ ＿＿＿＿ ＿＿＿＿ ＿＿＿＿

＿＿＿＿ ＿＿＿＿ this wonderful party.

54. He is so young ＿＿＿＿ ＿＿＿＿ ＿＿＿＿

＿＿＿＿ ＿＿＿＿ ＿＿＿＿ ＿＿＿＿

＿＿＿＿ .

55. I wonder ＿＿＿＿ ＿＿＿＿ ＿＿＿＿ ＿＿＿＿

＿＿＿＿ ＿＿＿＿ ＿＿＿＿ ＿＿＿＿ ＿＿＿＿ .

I hope he is not bored.

51. (I'd) (like) (a) (table) (for) (two), please.
訳　２人掛けのテーブルをお願いします。

52. I have (an) (eleven) (o'clock) (appointment) to see Mr. Jones.
訳　ジョーンズさんと、11 時にお会いする約束をしています。

53. I want to (thank) (you) (for) (inviting) (me) (to) this wonderful party.
訳　こんな素晴らしいパーティーに呼んでくださって、ありがとうございます。

54. He is so young (and) (he) (always) (seemed) (to) (be) (in) (perfect) (health).
訳　彼はとても若いし、いつも完全に健康に見えた。

55. I wonder (what) (he) (is) (going) (to) (do) (after) (he) (retires). I hope he is not bored.
訳　彼は退職後、何をするつもりなのかなあ。退屈しないといいんだけど。

問題

56. It is _____ _____ _____ _____

_____ _____ _____ by next week.

57. Excuse me, _____ _____ _____

_____ _____ _____ _____ _____

_____ _____ .

58. _____ _____ _____ _____ _____

_____ _____ home?

59. My wife _____ _____ _____ _____

_____ my job.

60. Is there _____ _____ _____ _____

_____ _____ ?

56. It is (extremely) (important) (that) (we) (finish) (the) (report) by next week.
訳　来週までにレポートを終わらせることが、非常に重要です。

57. Excuse me, (I) (believe) (I) (lost) (my) (wallet) (somewhere) (in) (this) (store).
訳　すみません。このお店のどこかで財布を失くしてしまったようなのですが。

58. (Do) (you) (want) (me) (to) (drive) (you) home?
訳　家まで車で送りましょうか？

59. My wife (talked) (me) (out) (of) (quitting) my job.
訳　妻が私を説得して、会社を辞めるのを思いとどまらせた。

60. Is there (any) (more) (paper) (for) (the) (copier)?
訳　もっとコピー用紙はありますか？

問題

61. How about stopping by our house _____

_____ _____ _____ _____ on Sunday

afternoon?

62. _____ _____ _____ _____ _____

home?

63. Would you like me _____ _____ _____

_____ with Mr. Takahashi for you?

64. _____ _____ _____ Ms. Smith call me

back as soon as possible?

65. Would you like _____ _____ _____

_____ _____ _____ _____ ?

61. How about stopping by our house (for) (coffee) (and) (a) (cake) on Sunday afternoon?

訳　日曜の午後、うちへ寄ってコーヒーとケーキをどう？

62. (Won't) (you) (make) (yourself) (at) home?

訳　遠慮なくくつろいでね。

63. Would you like me (to) (make) (an) (appointment) with Mr. Takahashi for you?

訳　高橋さんとのアポイントメントをお取りしましょうか？

64. (Could) (you) (have) Ms. Smith call me back as soon as possible?

訳　スミスさんに、至急折り返しお電話くださいと、お伝えください。

65. Would you like (an) (aisle) (seat) (or) (a) (window) (seat)?

訳　通路側と窓側の座席、どちらがよろしいですか？

Track
55

問題

66. I'm here for _____ _____ _____ _____

_____ _____ _____ .

67. What did you _____ _____ _____

_____ _____ _____ _____ _____ ?

68. Did _____ _____ _____ _____ _____

_____ Hawaii after the conference?

69. Where _____ _____ _____ _____

_____ for their vacation?

70. What did you think of _____ _____

_____ ?

66. I'm here for (my) (three) (o'clock)
    (appointment) (with) (Dr.) (Valentine).
訳　3時にバレンタイン先生とお約束があって参りました。

67. What did you (think) (of) (that) (art) (book)
    (I) (lent) (you)?
訳　君に貸した美術書、どうだった？

68. Did (he) (plan) (to) (stop) (over) (in) Hawaii
    after the conference?
訳　会議の後、彼はハワイに立ち寄る予定でしたか？

69. Where (do) (you) (think) (they'll) (go) for their
    vacation?
訳　彼らは休暇でどこに行くと思います？

70. What did you think of (the) (president's)
    (speech)?
訳　大統領の演説はどうでした？

Track
56

問題

71. Do you arrive _____ _____ _____

_____ _____ _____ ?

72. _____ _____ _____ _____ at the

conference last year?

73. Have you finished _____ _____ _____

_____ _____ yet?

74. You've been _____ _____ _____ _____

_____ _____ , haven't you?

75. Can you meet Mr. Sato _____ _____

_____ _____ _____ _____ ?

71. Do you arrive (on) (Sunday) (night) (or) (Monday) (morning)?

訳 日曜の夜か月曜の朝、どっちに着くかな？

72. (Didn't) (I) (meet) (you) at the conference last year?

訳 昨年の会議でお会いしませんでしたか？

73. Have you finished (reading) (that) (book) (on) (America) yet?

訳 アメリカについてのあの本を、もう読み終えましたか？

74. You've been (working) (on) (those) (forms) (all) (week), haven't you?

訳 一週間ずっと、その書類に取り組んでいるんでしょ？

75. Can you meet Mr. Sato (at) (the) (station) (at) (seven) (sharp)?

訳 佐藤さんと、駅で7時ちょうどに会ってもらえますか？

問題

76. I can't find my cellphone. I _____ _____ _____ some place.

77. _____ _____ _____ _____ _____ _____ _____ in this department?

78. How many people will be here _____ _____ _____ _____ _____ ?

79. It's too bad we had to cancel Sunday's picnic. If Antonio _____ _____ _____ _____ _____ _____ _____ _____ _____ _____ _____ .

80. You know, _____ _____ _____ _____ _____ meeting with Mr. Sato this afternoon.

76. I can't find my cellphone. I (have) (it) (here) some place.

訳　携帯電話がない。このへんのどこかにあるんだけど。

77. (How) (long) (ago) (did) (you) (start) (working) in this department?

訳　この部署で働き始めてから、どのくらいですか？

78. How many people will be here (for) (the) (one) (o'clock) (meeting)?

訳　１時の会議では、ここに何人くらい集まるんですか？

79. It's too bad we had to cancel Sunday's picnic. If Antonio (hadn't) (gotten) (sick) (we) (all) (could) (have) (had) (a) (great) (time).

訳　日曜日のピクニックをキャンセルしなきゃならなかったのは残念だね。もしアントニオが風邪をひいていなければ、皆で楽しい時間を過ごせただろうに。

80. You know, (you're) (supposed) (to) (have) (a) meeting with Mr. Sato this afternoon.

訳　今日の午後は、佐藤さんと会議があるはずですよね。

問題

81. That's a _____ _____ _____ _____

_____ _____ today. _____ _____

_____ _____ really complement it.

82. If I'd known that this computer _____

_____ _____ _____ _____ _____

_____ , I _____ _____ _____ _____

in the first place.

83. Were you really surprised _____ _____

_____ _____ _____ _____ _____

your birthday party?

84. Well, _____ _____ _____ _____

_____ _____ _____ _____ , but I don't

feel like going.

85. I don't believe the boss. He's _____

_____ _____ _____ _____ _____

since I came here. It must be 15 years old.

81. That's a (really) (nice) (outfit) (you) (have) (on) today. (That) (shirt) (and) (tie) really complement it.

訳　今日の服装、とても素敵ですね。シャツとネクタイがぴったりマッチしています。

82. If I'd known that this computer (was) (going) (to) (be) (so) (much) (trouble), I (wouldn't) (have) (bought) (it) in the first place.

訳　このコンピューターがこんなにトラブルの元になると知っていたら、そもそも買わなかったのに。

83. Were you really surprised (when) (you) (found) (out) (that) (it) (was) your birthday party?

訳　これが自分の誕生日パーティーだって気づいたとき、本当に驚いたでしょ？

84. Well, (we) (said) (we) (would) (go) (to) (the) (party), but I don't feel like going.

訳　そうだな、パーティーへ行くと言ったけど、そんな気分じゃないな。

85. I don't believe the boss. He's (been) (driving) (that) (same) (old) (car) since I came here. It must be 15 years old.

訳　うちのボスは信じられないことに、僕がここに来たときからずっと同じ、古い車に乗り続けているんだ。15年は経ってるはずだよ。

Track 59

問題

86. Please hurry up. It takes _____ _____
_____ _____ _____ to get to
the airport.

87. I've really been depressed since my ex-girlfriend
_____ _____ _____ _____ .

88. If Tom doesn't start doing his share, _____
_____ _____ _____ _____ the boss.
I'm _____ _____ _____ _____ _____ .

89. I had the _____ _____ . My son got sick,
so _____ _____ _____ _____ _____
_____ _____ all Saturday night.

90. My wife and I would really like to _____
_____ _____ _____ _____ _____
_____ _____ this weekend.

86. Please hurry up. It takes (at) (least) (half) (an) (hour) to get to the airport.

訳 急いでください。空港に着くまで、最低でも 30 分かかります。

87. I've really been depressed since my ex-girlfriend (broke) (up) (with) (me).

訳 前の彼女と別れてから、本当にずっと落ち込んでいるよ。

88. If Tom doesn't start doing his share, (I'm) (going) (to) (speak) (to) the boss. I'm (tired) (of) (doing) (his) (work).

訳 もしトムが自分の担当分に手をつけないなら、ボスに言うよ。彼の分の仕事までやるのはうんざりだ。

89. I had the (worst) (weekend). My son got sick, so (I) (had) (to) (stay) (up) (with) (him) all Saturday night.

訳 最悪の週末だった。息子が風邪を引いて、土曜は一晩中彼に付き添って起きていなければならなかった。

90. My wife and I would really like to (get) (away) (from) (the) (city) (and) (relax) this weekend.

訳 妻と私は、どうしても今週末、都会から逃げ出してリラックスしたいのだ。

Track 60

問題

91. I'll be in Italy _____ _____ _____
_____ _____ _____ . Then, I'll be going
to Paris for a week _____ _____ _____ .

92. We haven't had a chance to socialize

_____ _____ _____ _____ _____

together. Why _____ _____ _____

_____ _____ ?

93. Listen, this _____ _____ _____ _____
on the office phone has got to stop.

94. I don't know _____ _____ _____

_____ _____ _____ _____ .

It is so useless.

95. I don't feel well this morning. There was a
party last night and _____ _____ _____
_____ too late.

91. I'll be in Italy (from) (the) (twelveth) (through) (the) (fourteenth). Then, I'll be going to Paris for a week (before) (returning) (home).

訳 イタリアに、12日から14日までいる予定です。それから帰宅する前に、パリに一週間滞在します。

92. We haven't had a chance to socialize (since) (we) (started) (to) (work) together. Why (don't) (we) (go) (out) (somewhere)?

訳 一緒に働き始めてから、ゆっくり話す機会がなかったよね。一緒に出掛けない？

93. Listen, this (making) (of) (personal) (calls) on the office phone has got to stop.

訳 聞いて、社内の電話で個人的な電話をかけるのは止めないといけないよ。

94. I don't know (why) (we) (have) (to) (have) (this) (meeting). It is so useless.

訳 なぜこんな会議をしなければならないのかわかりません。無意味です。

95. I don't feel well this morning. There was a party last night and (I) (guess) (I) (stayed) too late.

訳 今朝は調子が悪い。昨夜パーティーがあったが、どうやら遅くまで居すぎたようだ。

Track 61

（問題）

96. I'm really nervous _____ _____ _____

_____ _____ _____ _____ _____

again tomorrow. I get _____ _____

_____ _____ _____ .

97. Haruki Murakami's latest best seller was so
good. I had _____ _____ _____ _____ .

98. I'm trying to convince my girlfriend _____

_____ _____ _____ _____ _____

_____ but she _____ _____ _____

_____ _____ .

99. I have to clean the garage this weekend. My wife

_____ _____ _____ _____ _____

_____ for weeks.

100. I just can't decide between these two jobs.
If I take the Chicago one, _____ _____

_____ _____ _____ _____ . If I take the

New York one, I'll _____ _____ _____

_____ _____ _____ .

96. I'm really nervous (about) (talking) (in) (front) (of) (the) (board) (members) again tomorrow. I get (just) (as) (nervous) (every) (time).

訳 明日また役員の前で話さなきゃいけなくて、めちゃくちゃ緊張してるよ。まあいつも緊張してるけど。

97. Haruki Murakami's latest best seller was so good. I had (trouble) (putting) (it) (down).

訳 村上春樹の最新ベストセラー、ものすごくよかったよ。なかなか本を閉じられなかった。

98. I'm trying to convince my girlfriend (to) (go) (with) (me) (to) (the) (reception) but she (doesn't) (seem) (to) (want) (to).

訳 恋人に、僕と一緒にレセプションに行くように頼もうとしているんだけど、彼女は嫌がってるみたい。

99. I have to clean the garage this weekend. My wife (has) (been) (after) (me) (about) (it) for weeks.

訳 今週末は、ガレージを掃除しないといけないんだ。妻に何週間もずっと頼まれててね。

100. I just can't decide between these two jobs. If I take the Chicago one, (I'll) (be) (closer) (to) (my) (family). If I take the New York one, I'll (finally) (be) (using) (my) (language) (skills).

訳　2つの仕事の間で迷っているんだ。もしシカゴの仕事を選べば、家族の近くにいることになる。もしニューヨークの仕事にすれば、やっと自分の言語スキルを活かすことになる。

上級50問

問題

1.

A: _____ _____ _____ _____ _____

   Thursday?

B: I will be _____ _____ _____ _____

   _____ .

2.

A: _____ _____ _____ _____ _____ ?

B: 9:30 _____ _____ .

1.

A: (Will) (you) (call) (me) (on) Thursday?

B: I will be (out) (of) (town) (that) (day).

訳 A：木曜日に電話してくれる？
　　B：その日は街にいないんだ。

2.

A: (When) (does) (the) (store) (open)?

B: 9:30 (on) (weekdays).

訳 A：お店はいつ開くの？
　　B：平日の９時半からです。

問題

3.

A: Would you mind ＿＿＿＿ ＿＿＿＿ ＿＿＿＿

＿＿＿＿ ＿＿＿＿ ?

B: ＿＿＿＿ ＿＿＿＿ ＿＿＿＿ .

4.

A: ＿＿＿＿ ＿＿＿＿ ＿＿＿＿ ＿＿＿＿ ＿＿＿＿

to the ocean?

B: ＿＿＿＿ ＿＿＿＿ a good idea ＿＿＿＿ ＿＿＿＿ .

3.

A: Would you mind (passing) (the) (salt) (and)
   (pepper)?

B: (Here) (you) (are).

訳　A：塩と胡椒を取っていただけますか？
　　B：どうぞ。

4.

A: (Why) (don't) (we) (drive) (out) to the ocean?

B: (Sounds) (like) a good idea (to) (me).

訳　A：海までドライブに行かない？
　　B：素敵ね！

問題

5.

A: _____ _____ _____ _____ _____

_____ _____ this suitcase?

B: _____ _____ _____ _____ _____ ,

thank you.

6.

A: _____ _____ _____ _____ _____ ?

B: _____ _____ _____ _____ a good time.

5.

A: (Can) (I) (offer) (you) (a) (hand) (with) this suitcase?

B: (I) (can) (manage) (by) (myself), thank you.

訳 A：スーツケースを運ぶのをお手伝いしましょうか？
　　B：自分でできるので大丈夫です、ありがとう。

6.

A: (Was) (the) (party) (any) (good)?

B: (Everyone) (seemed) (to) (have) a good time.

訳 A：パーティーは良かった？
　　B：みんな楽しんでたみたいだよ。

問題

7.

A: ＿＿＿＿ ＿＿＿＿ ＿＿＿＿ ＿＿＿＿ in your
pockets?

B: Just ＿＿＿＿ ＿＿＿＿ ＿＿＿＿ ＿＿＿＿ ＿＿＿＿
＿＿＿＿ .

8.

A: Could I have ＿＿＿＿ ＿＿＿＿ ＿＿＿＿ ＿＿＿＿ ?

B: Of course. ＿＿＿＿ ＿＿＿＿ ＿＿＿＿ ＿＿＿＿
today?

7.

A: (What) (do) (you) (have) in your pockets?

B: Just (my) (car) (keys) (and) (my) (wallet).

訳　A：ポケットに何が入ってる？
　　B：車のキーと財布だけ。

8.

A: Could I have (a) (dozen) (chocolate) (donuts)?

B: Of course. (Anything) (else) (for) (you) today?

訳　A：チョコレートドーナツを12個いただけますか？
　　B：もちろんです。他はよろしいですか？

問題

9.

A: _____ _____ _____ _____ Chicago?

B: _____ _____ _____ _____ my parents.

10.

A: _____ _____ _____ _____ France?

B: No, _____ _____ _____ _____ _____

_____ _____ .

9.

A: (Why) (were) (you) (in) Chicago?

B: (I) (went) (to) (see) my parents.

訳 A：なぜシカゴに行ったの？
　　B：両親に会いに行ったんだ。

10.

A: (Have) (you) (ever) (visited) France?

B: No, (but) (I) (hope) (to) (go) (there) (soon).

訳 A：フランスに行ったことある？
　　B：いや、でも近々行きたいと思ってる。

問題

11.

A: _____ _____ _____ _____ in the

conference room?

B: Yes, _____ _____ _____ _____ .

12.

A: _____ _____ _____ _____ for this

weekend?

B: _____ _____ _____ _____ _____

_____ _____ _____ the amusement park.

11.

A: (Are) (all) (the) (attendants) in the conference
room?

B: Yes, (everyone) (but) (the) (president).

訳　A：出席者は全員会議室に入っていますか？
　　B：ええ、社長以外全員います。

12.

A: (Have) (you) (got) (plans) for this weekend?

B: (I) (promised) (my) (kids) (I'd) (take) (them) (to)
the amusement park.

訳　A：今週末、何か予定はあるの？
　　B：子供たちに、アミューズメントパークに連れていくと約束し
　　　　たの。

問題

13.

A: You are looking _____ _____ _____ .

B: I have been _____ _____ _____ , _____

_____ _____ _____ last week.

14.

A: That was _____ _____ _____ _____

_____ _____ _____ _____ _____ .

B: Personally, I thought it was _____ _____

_____ .

13.

A: You are looking (awfully) (healthy) (lately).

B: I have been (on) (a) (diet), (and) (I) (started) (jogging) last week.

訳　A：最近、君はすごく健康そうだね。

　　B：ダイエットしているし、それに先週からジョギングを始めたんだ。

14.

A: That was (the) (best) (movie) (I've) (seen) (in) (a) (long) (time).

B: Personally, I thought it was (a) (bit) (sentimental).

訳　A：今まで長らく見てきた中で、この映画が最も素晴らしかったよ。

　　B：個人的には、ちょっとお涙頂戴だと思ったけどね。

問題

15.

A: I'd like _____ _____ _____ _____

_____ _____ _____ .

B: I'm afraid _____ _____ _____ _____

_____ _____ _____ _____ _____ .

16.

A: Would you like _____ _____ _____

_____ _____ _____ ?

B: It sounds _____ , but _____ _____

_____ _____ .

15.

A: I'd like (two) (tickets) (for) (the) (two) (o'clock) (show).

B: I am afraid (all) (the) (shows) (for) (today) (have) (been) (sold) (out).

訳 A： 2時のショーのチケットを2枚ください。
　　B： 申し訳ございません。本日のショーはすべてチケットが売り切れております。

16.

A: Would you like (a) (piece) (of) (cheesecake) (for) (dessert)?

B: It sounds (tempting), but (I) (think) (I'll) (pass).

訳 A： デザートにチーズケーキはいかがですか？
　　B： 心ひかれるけど、やめておこうかな。

問題

17.

A: You are _____ _____ your trip again,

aren't you?

B: I am afraid _____ _____ _____ _____ .

18.

A: _____ _____ _____ _____ _____

_____ summer clothing?

B: I'm sorry. _____ _____ _____ _____

_____ tomorrow.

17.

A: You are (putting) (off) your trip again,
aren't you?

B: I'm afraid (I) (have) (no) (choice).

訳　A：旅行をまた延期してるって？
　　B：残念だが、そうせざるをえないんだ。

18.

A: (Aren't) (you) (having) (a) (sale) (on) summer
clothing?

B: I'm sorry. (The) (sale) (doesn't) (start) (until)
tomorrow.

訳　A：夏物のセールをやっていないの？
　　B：すみません。セールは明日から始まるんです。

問題

19.

A: Excuse me, _____ _____ _____ _____

to _____ _____ _____ _____ ?

B: The rest rooms _____ _____ on the second

floor _____ _____ _____ _____ _____

_____ _____ .

20.

A: Could you _____ _____ _____ _____

_____ this evening?

B: Sure. _____ _____ _____ _____ when

you are ready.

19.

A: Excuse me, (could) (you) (direct) (me) to (the) (nearest) (men's) (room)?

B:The rest rooms (are) (located) on the second floor (just) (to) (the) (right) (of) (the) (elevator).

訳 A : すみません、一番近い男性用トイレへの道順を教えて頂けますか？

B : お化粧室は、２階のエレベーターすぐ右横にございます。

20.

A: Could you (give) (me) (a) (lift) (home) this evening?

B: Sure. (Just) (let) (me) (know) when you are ready.

訳 A : 今夜家まで送ってくださらない？

B : もちろん。用意ができたら教えてください。

問題

21.

A: Have you finished _____ _____ _____

yet?

B: _____ _____ _____ _____ .

22.

A: _____ _____ _____ _____ _____

_____ tomorrow?

B: I wish, _____ _____ _____ _____

_____ _____ _____ three o'clock

this afternoon.

21.

A: Have you finished (writing) (those) (reports) yet?

B: (They) (are) (almost) (done).

訳　A：もうレポートを書き終わった？
　　B：だいたい終わったよ。

22.

A: (Why) (don't) (you) (work) (on) (it) tomorrow?

B: I wish, (but) (I) (promised) (to) (finish) (it) (by) three o'clock this afternoon.

訳　A：その仕事は、明日やろうよ。
　　B：そうしたいけど、今日の午後３時までに終わらせると約束した
　　　　から。

問題

23.

A: _____ _____ _____ Mr. Kato _____

_____ ?

B: _____ _____ _____ _____ _____ .

24.

A: _____ _____ _____ _____

_____ lunch?

B: Let's go _____ _____ _____ Mexican food.

23.

A: (May) (I) (give) Mr. Kato (your) (message)?

B: (Just) (tell) (him) (I) (called).

訳　A：加藤さんに、メッセージをお伝えしましょうか？
　　B：私から電話があったとだけお知らせください。

24.

A: (What) (shall) (we) (do) (about) lunch?

B: Let's go (somewhere) (and) (eat) Mexican food.

訳　A：ランチはどうしようか？
　　B：どこかでメキシコ料理を食べようよ。

問題

25.

A: _____ _____ _____ _____ _____

_____ accident?

B: _____ _____ _____ _____ _____

the newspaper.

26.

A: Has _____ _____ _____ _____ _____

today?

B: _____ _____ , but _____ _____ _____

_____ here soon.

25.

A: (Did) (you) (hear) (about) (that) (terrible)
   accident?

B: (I) (read) (about) (it) (in) the newspaper.

訳　A：あのひどい事故の話、聞いた？
　　B：新聞で読んだよ。

26.

A: Has (the) (delivery) (person) (been) (by) today?

B: (Not) (yet), but (I) (think) (he'll) (be) here soon.

訳　A：配達員の人は、今日中に来るの？
　　B：まだ来てないんだけど、もうすぐ来ると思うよ。

問題

27.

A: _____ _____ _____ _____ _____ to

Shinjuku Station?

B: I think _____ _____ _____ _____ .

28.

A: I would like _____ _____ _____ _____

_____ _____ _____ .

B: _____ . How many _____ _____ _____ ?

27.

A: (How) (many) (stops) (is) (it) to Shinjuku
Station?

B: I think (the) (station) (after) (this).

訳　A：新宿駅まで、あと何駅ですか？
　　B：この次の駅だと思います。

28.

A: I would like (to) (book) (a) (table) (for) (eight)
(o'clock).

B: (Certainly). How many (in) (your) (party)?

訳　A：8時に席を予約したいのですが。
　　B：かしこまりました。何名様でしょうか？

問題

29.

A: _____ _____ _____ _____ before?

B: _____ _____ _____ _____ last year.

30.

A: _____ _____ _____ _____ ?

B: _____ _____ _____ _____ _____

_____ _____ this restaurant.

29.

A: (Haven't) (we) (met) (somewhere) before?

B: (Perhaps) (at) (the) (conference) last year.

訳　A：前にどこかでお会いしませんでした？

　　B：ひょっとすると、昨年の会議かもしれません。

30.

A: (Wasn't) (that) (dinner) (terrible)?

B: (I) (certainly) (won't) (be) (coming) (back) (to) this restaurant.

訳　A：ひどいディナーじゃなかった？

　　B：このレストランには、絶対に二度と来ないよ。

問題

31.

A: Don't you get tired _____ _____ _____

_____ _____ _____ ?

B: _____ _____ _____ . I like _____ and

_____ _____ _____ _____ , I get to see

many places.

32.

A: _____ _____ _____ _____ _____

_____ _____ _____ _____ _____

coming here?

B: I think it's _____ _____ _____ _____ .

31.

A: Don't you get tired (of) (always) (being) (on) (the) (road)?

B: (Not) (at) (all). I like (traveling) and (thanks) (to) (the) (job), I get to see many places.

訳　A：いつも地方を回っていて、うんざりしない？
　　B： 全然しないよ。僕は旅行が好きだし、仕事のおかげで色々な場所に行けるわけだから。

32.

A: (Did) (you) (happen) (to) (hear) (when) (he) (said) (he) (was) coming here?

B: I think it's (the) (day) (after) (tomorrow).

訳　A：彼がいつここに来ると言っていたか、聞きましたか？
　　B： たぶん明後日だと思いますよ。

問題

33.

A: How long _____ _____ _____ _____

_____ _____ ?

B: I'd like _____ _____ _____ _____

_____ _____ _____ _____ _____ .

34.

A: _____ _____ _____ _____ _____

_____ _____ before we board the plane?

B: Don't worry. _____ _____ lunch on the

plane.

33.

A: How long (will) (you) (be) (using) (the) (car)?

B: I'd like (to) (keep) (it) (until) (the) (end) (of) (this) (month).

訳　A：どれくらい車をお使いになります？
　　B：今月末まで使いたいのですが。

34.

A: (Is) (there) (time) (to) (have) (a) (snack) before we board the plane?

B: Don't worry. (They'll) (serve) lunch on the plane.

訳　A：飛行機に搭乗する前に、軽食をとる時間はありますか？
　　B：ご心配なく。機内で昼食が出ますので。

問題

35.

A: ____ ____ ____ ____ ____

____ ____ ____ my report?

B: I ____ ____ , but ____ ____

____ ____ any time.

36.

A: When ____ ____ ____ ____

____ ____ ____ ?

B: Anytime ____ ____ ____ ____

____ ____ .

35.

A: (Did) (you) (get) (a) (chance) (to) (look) (over) my report?

B: I (meant) (to), but (there) (just) (hasn't) (been) any time.

訳 A：私のレポートをざっと見て頂けましたか？

　　 B：そうしたかったのですが、まったく時間がありませんでした。

36.

A: When (do) (I) (have) (to) (pay) (this) (bill)?

B: Anytime (after) (the) (fifteenth) (of) (the) (month).

訳 A：この請求書は、いつ支払わないといけないの？

　　 B：今月 15 日より後ならいつでも。

問題

37.

A: ＿＿＿＿ ＿＿＿＿ ＿＿＿＿ ＿＿＿＿ would you

recommend?

B: I think ＿＿＿＿ ＿＿＿＿ ＿＿＿＿ ＿＿＿＿

the same.

38.

A: How long ＿＿＿＿ ＿＿＿＿ ＿＿＿＿ ＿＿＿＿

＿＿＿＿ ＿＿＿＿ now?

B: ＿＿＿＿ ＿＿＿＿ ＿＿＿＿ ＿＿＿＿ ＿＿＿＿

＿＿＿＿ .

37.

A: (Which) (of) (these) (cameras) would you recommend?

B: I think (they) (are) (all) (about) the same.

訳　A：どちらのカメラがおすすめですか？
　　B：どちらもほとんど一緒ですよ。

38.

A: How long (have) (you) (been) (with) (the) (company) now?

B: (No) (more) (than) (half) (a) (year).

訳　A：この会社に勤めて今どれくらいになります？
　　B：まだ半年以下ですね。

問題

39.

A: Are you sure _____ _____ _____ _____

_____ _____ _____ ?

B: They _____ _____ _____ _____ .

40.

A: I didn't know _____ _____ _____ _____

_____ friends.

B: We are not _____ _____ . I met him _____

_____ _____ _____ .

39.

A: Are you sure (there'll) (be) (someone) (there) (to) (meet) (us)?

B: They (promised) (there) (would) (be).

訳　A： 我々に会いに、誰かが来るっていうのは間違いないんだろう
　　　　な？

　　B： 彼らは来るって約束したんですよ。

40.

A: I didn't know (you) (and) (my) (cousin) (were) friends.

B: We are not (so) (close). I met him (only) (two) (weeks) (ago).

訳　A： 君と私のイトコが友人だとは知らなかったよ。

　　B： そんなに親しくはないの。彼とは2週間前に会ったばかりだか
　　　　ら。

問題

41.

A: Why don't we go see _____ _____ _____

_____ _____ ?

B: Oh yes, I've been _____ _____ _____

_____ _____ _____ I read the book.

42.

A: _____ _____ _____ _____ so angry?

B: Someone _____ _____ _____ _____

_____ _____ .

41.

A: Why don't we go see (that) (new) (science)
(fiction) (film)?

B: Oh yes, I've been (wanting) (to) (see) (it) (ever)
(since) I read the book.

訳　A：新しい SF 映画を観に行かない？
　　B：いいね、本を読んだときから観に行きたいと思ってたんだ。

42.

A: (Why) (did) (he) (get) so angry?

B: Someone (spilled) (hot) (coffee) (on) (his) (shirt).

訳　A：彼はなんであんなに怒っていたの？
　　B：誰かが彼のシャツに、熱いコーヒーをこぼしたんだ。

問題

43.

A: I thought _____ _____ _____ one chair.

B: Yes, but they were selling _____ _____

_____ _____ _____ _____ , and

I couldn't _____ _____ _____ .

44.

A: _____ _____ _____ _____ _____ ,

I'm afraid _____ _____ _____ _____

_____ the airport by 11:00.

B: I wonder _____ _____ _____ _____

_____ . I hope _____ _____ _____

thirty minutes.

43.

A: I thought (you) (only) (needed) one chair.

B: Yes, but they were selling (two) (for) (the) (price) (of) (one), and I couldn't (pass) (it) (up).

訳　A：あなたに必要な椅子はひとつだけだと思ってたけど。
　　B：そうなんだけど、ひとつの値段で２つ買えるセールをやってたから、見逃せなくてね。

44.

A: (With) (the) (traffic) (like) (this), I'm afraid (we) (will) (never) (get) (to) the airport by 11: 00.

B: I wonder (how) (late) (we) (will) (be). I hope (no) (more) (than) thirty minutes.

訳　A：こんな交通状況だと、空港に11時までにつけないんじゃないかな。
　　B：どれくらい遅れてるんだろう。30分程度ならいいんだけど。

問題

45.

A: Do you have _____ _____ ?

B: We do, _____ _____ _____ _____

_____ _____ . Try _____ _____

_____ _____ _____ .

46.

A: When _____ _____ _____ _____ ?

B: _____ _____ _____ _____ _____

_____ September 4th.

45.

A: Do you have (today's) (newspaper)?

B: We do, (but) (we) (are) (all) (sold) (out).
 Try (the) (shop) (across) (the) (street).

訳　A：今日の新聞はありますか？
　　B：ええ、でも売り切れてしまいました。通りの向かい側のお店
　　　　に行ってみてください。

46.

A: When (does) (the) (semester) (begin)?

B: (The) (first) (day) (of) (classes) (is) September
 4th.

訳　A：学期はいつ始まるの？
　　B：授業開始日は、9月4日だよ。

問題

47.

A: _____ _____ _____ _____ _____

the hotel?

B: _____ _____ _____ _____ _____

_____ , _____ _____ _____

any problems.

48.

A: _____ _____ _____ _____ this morning?

B: _____ _____ _____ , thank you.

47.

A: (How) (can) (I) (get) (to) the hotel?

B: (If) (you) (can) (find) (a) (taxi), (you) (won't) (have) any problems.

訳　A：どうやってホテルへ行けばいいかな？

　　B：タクシーを捕まえられれば、何も問題ないよ。

48.

A: (How) (are) (you) (feeling) this morning?

B: (Much) (better) (today), thank you.

訳　A：今朝のご機嫌はいかが？

　　B：今日はかなりいいよ、ありがとう。

問題

49.

A: _____ _____ _____ _____ _____

_____ _____ the last one?

B: _____ , _____ _____ _____ comfortable.

50.

A: _____ _____ _____ _____ ?

The meeting started _____ _____ _____

_____ !

B: Sorry. I gave myself _____ _____ _____

_____ _____ but _____ _____ _____

_____ _____ .

49.

A: (How) (does) (your) (new) (office) (compare) (with) the last one?

B: (Smaller), (but) (much) (more) comfortable.

訳　A：前に比べて、新しいオフィスはどうかな？
　　B：小さくなったけど、前よりずっと快適だよ。

50.

A: (Where) (have) (you) (been)? The meeting started (half) (an) (hour) (ago)!

B: Sorry. I gave myself (two) (hours) (to) (get) (here) but (I) (got) (caught) (in) (traffic).

訳　A：どこにいたの？　会議はもう 30 分も前に始まってるわよ！
　　B：すみません。ここまで 2 時間で着くと思っていたのですが、渋滞に巻き込まれてしまって。

【著者】

藤澤慶已（ふじさわ・けい）

LEC 会計大学院教授、関東学園大学客員教授。言語学博士、音楽博士。米国テネシー州立大学にて言語学博士号（Ph.D.）、南ミシシッピー州立大学にて音楽博士号（D.M.A.）を取得。日本語と英語の比較言語学の観点から、日本人向けの実用的な英語学習法として「藤澤博士のスピーチセラピーメソッド（FSTM）」を開発。著書に、『オドロキモモノキ英語発音』（ジャパンタイムズ出版）、『これだけ！TOEIC 直前模試 3 セット 600 問』（あさ出版）などがある。

聞いて書きとる
英語リスニング 300 問
改訂新版

【PRODUCTION STAFF】

装丁　　　清水裕久（Pesco Paint）
DTP　　　外塚誠（Isshiki）
イラスト　　いけがみますみ
音声収録・編集　AtoZ English